"十三五"应用型本科院校系列教材

Applied Chinese

应用汉语

主编 景 鑫

哈尔滨工业大学出版社
HARBIN INSTITUTE OF TECHNOLOGY PRESS

内容简介

本书主要体现应用性的原则,以培养和树立汉语应用观念为立足点,内容上在涵盖现代汉语理论知识的基础上增加了一些实用性的汉语规范知识。全书共分为六章,主要包括语音、文字、词汇、语法和修辞几个组成部分。贯穿全书的是语言规范化,即教会学生准确规范地使用汉语。

本书可供高等学校非汉语言文学专业及高等教育自学考试使用,也可作为汉语使用者和爱好者的参考工具书。

图书在版编目(CIP)数据

应用汉语/景鑫主编. —哈尔滨:哈尔滨工业大学出版社,2020.12
ISBN 978-7-5603-9203-5

Ⅰ.①应… Ⅱ.①景… Ⅲ.①汉语-教材 Ⅳ.①H1

中国版本图书馆 CIP 数据核字(2020)第 231214 号

策划编辑	杜　燕
责任编辑	张羲琰
封面设计	高永利
出版发行	哈尔滨工业大学出版社
社　　址	哈尔滨市南岗区复华四道街 10 号　邮编 150006
传　　真	0451-86414749
网　　址	http://hitpress.hit.edu.cn
印　　刷	哈尔滨市颉升高印刷有限公司
开　　本	787mm×960mm　1/16　印张 11.5　字数 256 千字
版　　次	2020 年 12 月第 1 版　2020 年 12 月第 1 次印刷
书　　号	ISBN 978-7-5603-9203-5
定　　价	32.00 元

(如因印装质量问题影响阅读,我社负责调换)

前　言

近年来，随着我国社会经济的快速发展，社会需要大量掌握一定汉语基础知识的技能型和实用型人才，很多工作对汉语语言文字规范使用提出了新的要求，汉语规范化在人们的生活中无处不在。与此同时，我国教育领域不断改革创新，素质教育已经全面推进，很多高校的非汉语言文学专业也都开设了汉语基础课程，并需要相关配套使用的教材。

本人通过多年讲授汉语基础课程的经验积累，结合国内注重培养应用型人才的理念，以国家语言文字政策为依据，在自编讲义的基础上编写此书，主要体现应用性的原则，系统讲解现代汉语语音、词汇、语法、文字、修辞等理论，并给出汉语语言规范化的具体使用规则，力求培养学生应用汉语的能力，并注重指导学生运用汉语基础知识解决实际问题。

全书共分六章。第一章为绪论，主要介绍现代汉语与应用汉语的异同，以及汉语语言规范化的发展演变过程。

第二章为语音部分，主要介绍汉语语音的基础知识，包括声母与韵母、声调、音节、音变，并在掌握语音理论的基础上，重点介绍汉语拼音正词法基本规则，具体包括分词连写、人名地名拼写、大写、缩写、标调、移行及标点符号使用的规则。

第三章为文字部分，主要介绍汉字的产生、特点及结构。在文字规范化问题上，介绍了汉字发展过程中的笔画简化及字形整理，并将出版物有关数字用法规定收入其中，包括时间使用原则、物理量和非物理量使用原则、书名和文章标题使用原则。

第四章为词汇部分，主要介绍现代汉语词汇基本单位、词汇的组成，以及汉语熟语的基本内容。同时通过分类举例，介绍当前公众媒体语言中有关现代汉语词汇规范化使用的具体问题。

第五章为语法部分，主要介绍现代汉语语法的基础知识，包括词性分类、短语分类、句法成分、句子分类。

第六章为修辞部分，主要介绍汉语修辞的定义范围，选取了汉语中16个辞格进行具体说明，并指出汉语修辞使用过程中韵律不协调、词语不准确、句意不顺畅、辞格不恰当等问题。

全书在行文表达上力求做到学术性和通俗性相结合，汉语理论知识阐述深入浅出，通过理论来指导实践，注重实用性和应用性。

由于本人水平有限，书中难免存在疏漏和不当之处，敬请读者批评指正。

作者
2020年7月

目 录

第一章　绪论 ··· 1
　第一节　现代汉语与应用汉语 ··· 1
　第二节　汉语语言规范化问题 ··· 3
第二章　语音 ··· 5
　第一节　语音概述 ··· 5
　第二节　声母与韵母 ·· 7
　第三节　声调 ·· 10
　第四节　音节 ·· 12
　第五节　音变 ·· 15
　第六节　语音规范化 ··· 18
　第七节　汉语拼音正词法基本规则 ·· 20
第三章　文字 ·· 39
　第一节　汉字概述 ·· 39
　第二节　汉字的标准化 ·· 46
　第三节　汉字的规范化 ·· 48
　第四节　出版物数字用法规定 ·· 50
第四章　词汇 ·· 53
　第一节　词汇概述 ·· 53
　第二节　现代汉语词汇的规范化 ··· 59
　第三节　新闻媒体语言的规范 ·· 63
第五章　语法 ·· 68
　第一节　现代汉语语法概述 ··· 68
　第二节　语法规范化问题 ·· 74

第六章　修辞 …… 80
第一节　修辞概述 …… 80
第二节　常用辞格 …… 83
第三节　修辞规范化问题 …… 89

附录 …… 95
附录一　汉语拼音方案 …… 95
附录二　中国地名汉语拼音字母拼写规则（汉语地名部分） …… 97
附录三　中国人名汉语拼音字母拼写规则 …… 99
附录四　中文书刊名称汉语拼音拼写法 …… 100
附录五　普通话异读词审音表（修订稿） …… 104
附录六　汉字应用水平测试字表 …… 152

参考文献 …… 177

第一章

绪　　论

第一节　现代汉语与应用汉语

一、现代汉语

广义的现代汉语指现代汉民族使用的语言,它不仅包括现代汉民族的共同语,而且包括现代汉语各方面,具体来说是以北京语音为标准语音、北方方言为基础方言、典范的现代白话文著作为语法规范的汉民族共同语。狭义的现代汉语只指现代汉民族共同语言——普通话。

关于现代汉语的研究已经有很多,一般主要涉及语音、词汇、汉字、语法等方面,有的涉及修辞和逻辑,但不涉及篇章修辞,而且具有较强的理论性。

二、应用汉语

应用汉语体现"应用"的原则,所谓"应用",并非不讲汉语的基础知识和基本理论,而是以培养和树立"应用"的观念为立足点,引起学习者对习焉不察的母语的理性思考和学习的积极性。

比如,我们在讲词汇时,应该让学生树立"选择"的观念,这样学生就会感到词汇积累的重要,就会去揣摸词语的含义,就会注意使用词语的效果。

例如:圆圆的月亮　银盘似的月亮

很显然,后一种表达因为用了比喻修辞,比前一种表达更生动、形象,表达效果好些。不只是短语,句子同样要注意应用的原则,看下面这个句子:"火并到终场,一脚定输赢——北京足球队以三比二胜青海队。"

这是一位记者报道一场足球赛的标题。从语法角度看,这个标题句子没有错误;从修辞角度看,则是一个误解用词的句子。"火并"这个词的意思是"同伙决裂,自相杀伤或并吞",这里被误解为"激烈搏斗"了。

再看下面这个句子:"同学们冒着滂沱大雨和泥泞道路上学去。"

从语法和修辞角度说,这个句子没有错误。从逻辑角度看,它则是错句:"大雨"从空中往下落,在头上,同学们可以"冒着";而"泥泞道路"在地上,在脚下,同学们只能踩着,不能冒着。这个句子犯了违背事理逻辑的错误。

再比如"夜晚,远远望去,整个大楼漆黑一团,只有一个房间还亮着灯。"

从语法上看,这是个通顺的句子;从修辞上看,这是个生动的句子;从逻辑上看,这是个错误的句子。既然是"整个"大楼漆黑一团,那就不应该有"一个房间"还亮着灯。它犯了前面用全称肯定,后面又用特称否定的判断错误。

从以上这些例句我们可以看出,在使汉语符合语法规则的同时,也应该使汉语符合修辞原则,符合思维规律。

三、汉语的特点

汉语在语法上有明显的特点,各家说法不尽相同。根据学界已有的看法,并参考陆俭明先生的认识,现代汉语语法特点可做如下描述:

(一)现代汉语是缺少形态标志和形态变化的语言

具体来说,汉语不能从词的外形上看出其词性,而且这些词进入句子后也无明显形态变化。

(二)汉语属于语用强势语言

汉语在使用过程中只要语境允许,句法成分甚至是虚词,都可以省略。对同一个事件,由于说话人的角度不同、认识不同、情感态度不同,所需要表达的信息不同,汉语可以采用不同的表达方式,需要依靠词序的改变和虚词的运用。另外,在句法平面,句法规则与语用规则难以从形式上加以区分。

(三)汉语是词类与句法成分不一一对应的语言

汉语缺少形态标志和形态变化的特点,使得汉语不同于印欧语言。印欧语中词类与句法成分基本上是一对一的对应关系,而汉语里词类和句法成分之间则是一对多的对应。

(四)汉语是句法构造规则与词法构造规则基本一致,而且句法中句子的构造规则跟词组的构造规则也基本上一致的语言

汉语的句法构造规则与词法构造规则是基本一致的,这一点郭绍虞先生早就论述过。汉语在词法层面上,基本分为重叠、附加和复合三类,复合类型主要分为修饰、支配、补充、联合、

陈述、连动等。在句法层面,汉语的句法结构基本上也是这些类型,只是说法不同而已。由于汉语缺少形态标志和形态变化,以及词类与句法成分并不一一对应,与印欧语相对照,汉语的词组的构造规则与句子的构造规则也是基本一致的。

第二节 汉语语言规范化问题

一、基本概述

语言规范是指使用某种语言的人应共同遵守的语音、词汇、语法、书写等方面的标准和典范。语言规范化指根据语言发展的规律,在某一种语言的语音、词汇、语法等方面分歧或混乱的现象中,找出甚至确定人们都应遵循的规范,指出那些不合规范的内容,通过语言研究的著作如语法书、词典、语言学著作等明文规定下来,并通过各种宣传教育的方法,推广那些合乎规范的现象,限制并逐渐淘汰那些不合规范的现象,使人们共同遵守语言规范而进行有效的交际,使语言循着一条统一的正确道路向前发展。

语言规范化是语言规划的一个重要内容,其具体工作有:标准语的确定,制定正音法,术语的规范化、标准化,出版规范词典,制定正字法,字母或拼写法的改革,字符改革,出版规范语法等。在标准语的形成和发展的过程中,由于方言渗入,其他语言影响,古语残存以及使用语言的人常常在习惯爱好、语言修养等方面的差异等原因,语言中往往存在一些不合规律的分歧和混乱现象,直接影响人们之间的交际活动,这就是我们平常所说的不合规范的现象。

(1)不合规范现象首先表现在语音上。在汉语普通话里,读音上分歧很多,如:血 xiě—xuè,削 xuē—xiāo,剥 bāo—bō,秘 mì—bì 等。

(2)不合规范现象也常常出现在词汇方面。首先表现在一个意义的不同说法,如"暖瓶"可以说成"热水瓶","看"可以说"瞧""瞅","星期日"可以说"周日"。其次表现在异体词上,如:煞车—刹车,稀罕—希罕,毋宁—无宁,执勤—值勤,相片—像片等。最后词汇方面的不合规范现象还表现在生造词上,如某些小说中出现的"哑静、期盼、楞生、路道、土尘、拉躺、克抑"等方面。

(3)不合规范现象也表现在文字上。其中最突出的是使用繁体字和生造简化字。

(4)语法方面也存在不合规范现象。如"除非……"格式有两种用法,既可以说"除非双方同意,才能签字",也可以说"除非双方同意,否则不能签字",形成毫无益处的分歧。

二、发展演变

语言规范是一个历史范畴。规范不是一成不变的,它是历史发展到一定时期的产物,随着历史的发展而发展。语言在一定的历史时期是合乎规范的,在另一个历史时期可能会发生变化,不再是规范的了。这是因为语言在不断变化和发展,不论什么时候,凡是符合发展规律的现象都是规范的。

语言规范化工作具有悠久的历史。公元前221年秦始皇统一中国后,实行"书同文"政策,采取李斯的建议,统一规定以小篆为正字,淘汰通行于六国的异体字,对汉字规范化起了重要作用。

中华人民共和国成立以来,党和政府十分重视现代汉语规范化的工作。1951年6月6日,《人民日报》发表社论《正确地使用祖国的语言,为语言的纯洁和健康而斗争!》。1955年10月,教育部和中国文字改革委员会联合召开了全国文字改革会议,接着中国科学院召开了现代汉语规范问题学术会议。这两个会议确定了民族共同语的标准,给普通话下了科学的定义,并制定了"大力提倡,重点推行,逐步普及"的推广普通话的工作方针。

为了适应社会发展,加强语言文字工作,1985年12月,国务院决定把中国文字改革委员会改名为国家语言文字工作委员会,扩大了它的工作范围和行政职能。1986年1月,国家教育委员会和国家语言文字工作委员会联合召开了全国语言文字工作会议,规定了新时期语言文字工作的方针和当时的任务。主要任务是:做好现代汉语规范工作,大力推广和积极普及普通话;研究和整理现行汉字,制订各项有关标准;进一步推行《汉语拼音方案》,研究并解决它在实际使用中的有关问题;研究汉语汉字信息处理问题,参与鉴定有关成果;加强语言文字的基础研究和应用研究,做好社会调查和社会咨询服务工作。1997年12月,全国第二次语言文字工作会议确定了新世纪语言文字工作的指导思想、奋斗目标和工作任务。

进入21世纪,为推动国家通用语言文字的规范化、标准化及其健康发展,使国家通用语言文字在社会生活中更好地发挥作用,促进各民族、各地区经济文化交流,《中华人民共和国国家通用语言文字法》于2001年开始施行。这是我国历史上第一部关于语言文字的专门法,它首次明确规定了普通话和规范汉字作为国家通用语言文字的法律地位,为加强语言文字应用的管理和促进语言文字的规范化、标准化提供了法律依据。

2012年,教育部、国家语言文字工作委员会发布了《国家中长期语言文字事业改革和发展规划纲要(2012—2020年)》,这是21世纪我国第一个中长期语言文字事业改革和发展规划,是今后一个时期指导全国语言文字工作改革和发展的纲领性文件。主要任务有:大力推广和普及国家通用语言文字;推进语言文字规范化标准化信息化建设;加强语言文字社会应用监督检查和服务;提高国民语言文字应用能力;科学保护各民族语言文字;弘扬传播中华优秀文化;加强语言文字法制建设。

2020年3月,全国语言文字工作会议以视频会议形式召开,对语言文字工作提出的要求是:2020年语言文字工作要进一步聚焦国家发展大局,筹备召开全国语言文字会议,提出今后一个时期语言文字事业改革发展的目标任务,做好"十三五"收官和"十四五"谋划;坚定不移推广普及国家通用语言文字,助力决战决胜脱贫攻坚;大力传承弘扬中华优秀传统文化,助力提升国家文化软实力;强化基础建设,提升语言服务能力;深化语言文字交流合作,服务人类命运共同体构建;强化人才队伍建设,推动语言文字工作治理体系和治理能力现代化,推动语言文字事业再上一个新台阶,为实现中华民族伟大复兴的中国梦做出新的更大贡献!

第二章

语　　音

第一节　语音概述

一、语音的定义

语音是语言的物质形式,是由人的发音器官发出的代表一定意义的声音。与其他声音相比,语音具有鲜明的特点,它不同于自然声音(不是发音器官发出,不表示特定含义)、动物声音(对环境的即时反应,不能组合,不表思维)和人的自然反应声音(如咳嗽、哈欠等自然反应,不能形成符号)。语音是语言的物质外壳,是一种语言被人们直接感知的外部表现形式,语言传递信息是以语音作为物质形式来实现的,没有语音,语言就失去了它所赖以生存的客观实体。

二、语音的性质

语音同自然界的其他声音一样,产生于物体的振动,具有物理属性;语音是由人的发音器官发出的,还具有生理属性;更重要的是,语音要表达一定的意义,什么样的语音形式表达什么样的意义,必须是使用该语言的全体社会成员约定俗成的,所以语音又具有社会属性。

(一)物理属性

语音既然是声音的一种,那么它必然与其他声响一样具有物理四要素:
音高:音高就是声音的高低,它取决于发音体在一定时间内振动次数的多少。
音强:音强就是声音的强弱,它取决于声波振动幅度的大小。
音长:音长就是声音的长短,它取决于声波振动时间的久暂。
音色:音色是声音的特色,它取决于声波振动的形式。

(二)生理属性

1. 动力系统

肺和气管等提供气流才能振动发声。

2. 振动体

喉头和声带产生振动才会产生声波。

3. 共振系统

口腔、鼻腔和咽腔的共振和调节才能实现。

(三)社会属性

社会属性是语音的本质属性。

(1)声音与意义的结合取决于不同的社会属性。

(2)各种语言和方言都有自己的语音系统和独特的语音成分。

(3)不同的语言具有不同的社会价值。

三、语音的单位

从西方现代语音学角度,语音单位包括音素、音节和音位;从我国传统音韵学角度,语音单位包括声母、韵母和声调。

(一)音素

音素是构成音节的最小单位或最小语音片段,是从音色角度划分出来的。音素可以分为辅音和元音两大类。辅音和元音的根本区别在于气流是否受阻,声带是否振动。

下面来看一下辅音和元音的主要区别:

(1)发辅音时,气流通过咽头、口腔时某部位受阻;元音不受阻碍。

(2)发辅音时,声带不一定振动,声音一般不响亮;发元音时,声带振动,声音也比辅音响亮。

(3)发辅音时,发音器官成阻的部位特别紧张;发元音时,发音器官各部位保持均衡的紧张状态。

(4)发辅音时,气流较强;发元音时,气流较弱。

(二)音节

音节是语音结构的基本单位,也是自然感到的最小的语音片段。汉语一般一个汉字为一个音节(除儿化音外,儿化音为一个音节),汉语音节由声母、韵母和声调构成。

(三)音位

音位是一个语音系统中能够区别意义的最小语音单位,是按语音社会属性划分出来的。如"标[piau]、漂[pʰiau]、刁[tiau]、挑[tʰiau]"中的"/p/、/pʰ/、/t/、/tʰ/"就是四个不同的音位。

(1)从辅音中归纳出来的音位叫"辅音音位"。
(2)从元音中归纳出来的音位叫"元音音位"。
(3)从声调中归纳出来的音位叫"声调音位"。
(4)由音素成分构成的音位统称为"音质音位",又称"音段音位"。
(5)声调音位(调位)主要是由音高特征构成的,属于"非音质音位",又称"超音段音位"。

第二节 声母与韵母

一、声母

(一)声母与辅音的不同

声母是我国传统音韵学的术语。一个字音开头的辅音叫声母。声母是就汉语语音结构特点来说的,着眼于一个音节的组成分析。

辅音是西方语音学的术语。辅音是声腔中的气流通路受阻碍而形成的一类音(发音部位即气流受阻的部位或发音方式即除阻方式)。辅音是就音素本身性质来说的,着眼于音素的发音特征、声学特征以及与其他音素的区别。

汉语声母有21个,主要由辅音充当,如果字音的开头没有辅音,就称为零声母,如 en;而且汉语里的辅音并不都可做声母,在汉语普通话的22个辅音中,ng 就只能做韵尾,不能做声母。可见汉语的声母和辅音也不是一回事。

(二)声母的分类

1. 按发音部位分类

发音部位是指发音时气流受到阻碍的部位。普通话声母分为七类:
(1)双唇音 b p m
(2)唇齿音 f
(3)舌尖前音 z c s
(4)舌尖中音 d t n l
(5)舌尖后音 zh ch sh r

(6)舌面音　j q x
(7)舌根音　g k h

2.按发音方法分类

发音方法就是发音时形成阻碍和解除阻碍的方式。可以从形成阻碍和排除阻碍的方式、声带是否振动、发音时呼出气流的强弱等方面进行分类：

(1)根据形成和保持阻碍的方式,声母分为以下五类：

塞音　b p d t g k
擦音　f h x sh r s
塞擦音　j q zh ch z c
鼻音　m n
边音　l

(2)根据发音时声带是否振动,声母分为两类：

清音 b p f d t g k h j q x z c s zh ch sh
浊音 m n l r

(3)根据发音时呼出气流的强弱,声母分为两类：

不送气音　b d g z zh j
送气音　p t k c ch q

二、韵母

(一)韵母和元音的不同

韵母是我国传统音韵学的术语。韵母包括元音及其后的辅音。例如：kan(看)里的k是声母,an是韵母。韵母的主要组成部分是元音,但韵母并不等于元音。汉语韵母有39个,包括单韵母10个(由单元音充当)、复韵母13个(由元音和元音构成)、鼻韵母16个(由元音和鼻辅音共同构成)。

元音是西方语音学的术语。元音是气流振动声带、在口腔没有受到阻碍而形成的一类音(舌位的高低、前后以及双唇圆展不同形状所造成的)。

(二)韵母的分类

1.按韵母结构分类

(1)单元音韵母。

a o e ê i u ü

单元音韵母可再分为舌面元音、舌尖元音、卷舌元音。下面是舌面元音舌位唇形图。

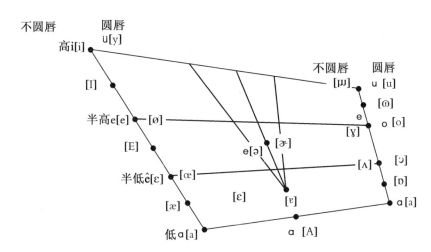

(2)复元音韵母

ai ei ao ou ia ie ua uo üe iao iou uai uei

复元音韵母可再分为二合复元音韵母和三合复元音韵母。

(3)鼻音韵母

an ian uan üan en in uen ün ang iang uang eng ing ueng ong iong

鼻音韵母可再分为前鼻音韵母和后鼻音韵母。

2. **按韵母开头的元音发音口形分类**

(1)开口呼:韵母不是 i、u、ü 和不以 i、u、ü 起头的韵母。

(2)齐齿呼:i 或以 i 起头的韵母。

(3)合口呼:u 或以 u 起头的韵母。

(4)撮口呼:ü 或以 ü 起头的韵母。

声母	韵母	开口呼	齐齿呼	合口呼	撮口呼
双唇音	b、p、m	+	+	只跟 u 相拼	
唇齿音	f	+		只跟 u 相拼	
舌尖中音	d、t	+	+	+	
	n、l				+
舌面	j、q、x		+		+
舌根音	g、k、h	+		+	
舌尖后音	zh、ch、sh、r	+		+	

续表

声母	韵母	开口呼	齐齿呼	合口呼	撮口呼
舌尖前音	z、c、s	+		+	
零声母	∅	+	+	+	+

(三) 韵母的结构

韵母一般由韵头、韵腹、韵尾三部分组成。
韵头:发音不响亮,仅表示音值的滑动,只有 i、u、ü 三个。
韵腹:韵母中发音最响亮,声调标在韵腹上。
韵尾:发音不响亮,表示含糊不清的音值,只有 i、u、n、ng 四个。

第三节 声调

各种语言的语音结构都包括音段结构和超音段结构,在实际语流中,这两种结构是结合在一起的。音段结构用来表示语法中的词法结构;超音段结构用来表示语法中的句法结构。

音段结构的最小单位是音段音位,即元音和辅音;超音段结构,即语调系统,生成语言的超音段音位,主要包括重音、声调、语调等。

一、汉语是声调语言

(一) 声调的定义

语言中常用的超音段的表达手段是音高、音强和音长,其中音高的使用最为广泛,也最为复杂。音高变化的物质形式表现为声带震动的基频变化。这种变化在语言中的运动统称为旋律。如果旋律以音节或词作为其基本载体单位,那么这种旋律称为"声调"。在多数东南亚语言以及某些非洲语言和美洲的印第安语言中,这种旋律主要表现为声调,因而称为声调语言。

汉语是一种声调语言,指的是依附在声韵结构中具有区别意义作用的音高形式。在汉语的音节中,声调是一个重要的组成要素。汉语有 4 个具有区别意义的声调,即阴平、阳平、上声和去声。

(二) 调值和调类

调类:声调的种类,把调值相同的字归纳在一起所建立的类。
调值:声调的实际读法,依附在音节里高低升降的音高变化的固定格式。

汉语普通话有四个声调:阴平(一声)55、阳平(二声)35、上声(三声)214、去声(四声)51。
五度标记法:

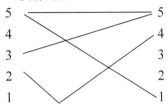

二、汉语声调的语言功能

(一)声调的辨义功能

辨义功能是声调的主要功能。语言中最具有关键意义的是音节结构,而从汉语的音节结构来看,声调又是音节中最有意义的部分。

汉语的音节结构简单,音节类型少,音节数目比其他语言少。但是加上声调以后,音节的数目便大大增加了。因此,汉语的声调在扩大汉语的基本词汇量、语言的区别性特征方面起着十分重要的作用。

例如:埋—买—卖

摊子—坛子—毯子

(二)声调的构型功能

声调的构型功能是指声调在语言结构中具有区别语法意义的功能。汉语的声调在语言发展史上曾经有过明显的构形作用。

王力先生在《汉语史稿》中指出:"中古汉语的形态表现在声调的变化上面。同一个词,由于声调的不同,就具有不同的词汇意义和语法意义。主要是靠去声来和其他声调对立。"他还指出:"就动词来看,声调的变化引起词性的变化特别明显,凡名词和形容词转化为动词,则动词念去声;凡动词转化为名词,则名词念去声。总之,转化出来的一般都变为去声。"

例1 名词或形容词变动词

和　　(形容词)和气、和善

和　　(动词)一唱一和

好　　(形容词)好人、好心

好　　(动词)好客、好学

钉　　(名词)钉子、钉锤

钉　　(动词)钉钉子、钉扣子

例2 动词变名词或量词

磨　　（动词）磨刀、磨炼
磨　　（名词）电磨、磨盘
担　　（动词）担水、担柴
担　　（量词）一担米、一担柴

（三）声调的分界功能

声调的分界功能是指声调可以作为音节分界的标志。汉语的每个音节都有声调附在其上。在连贯的语流中，音节的界限常常表现在不同声调的分界线上，同声调的分界线相一致。从一种声调变为另一种声调，必然也是从一个音节过渡到另一个音节。

（四）声调的抗干扰功能

汉语的声调在言语交际的传递过程中有较强的抗干扰的能力。赵元任在《谈谈汉语这个符号系统》一文中指出："声调是使汉语特别适宜于物理通讯的要素之一，声调主要涉及嗓音的基本音高，在不利的音响条件下，它是最便于传送的。"在这方面，声学家进行过实验，结果都证明，在恶劣的传递环境里，声母和韵母很难让人听清楚，而声调仍然保持很好的清晰度。这说明声调具有抗干扰的能力，在信息传递过程中，它在提高语言的清晰度和可懂度方面发挥着重要作用。

第四节　音节

一、音节结构

音节是语音的基本结构单位，是听话时自然感到的最小的语音单位。
汉语音节结构的特点：
(1) 一个音节最多可以用四个音素符号。
(2) 元音在音节中占优势。
(3) 音节可以没有辅音。
(4) 汉语音节不能没有声调、没有韵腹；可以没有辅音声母、韵头和韵尾。

二、汉语拼音

把分析出来的声母、韵母拼合起来，构成一个音节就是拼音。

（一）拼音应注意的几个问题

1. 声母要念本音
2. 声母、韵母之间不要有停顿
3. 要念准韵头

（二）拼音的方法

1. 声韵两拼法

用声母和韵母两个部分进行拼音。

2. 声介和韵身合拼法

先把声母和韵头合成一部分，然后跟韵身进行拼音。只适用于有韵头的音节。

3. 三拼法

用声母、韵头、韵身三部分进行连续。只适用于有韵头的音节。

4. 整体认读法（支架拼音法）

先做好发声母的准备，然后读带声调的韵母。

（三）普通话声韵拼合规律

1. 声韵能拼合的音节

（1）b、p、m、f 跟 o 能拼合，mō 只有一个字"摸"；跟 u 能拼合，且只与合口呼里的 u 拼合。

（2）g、k、h、zh、ch、sh、r、z、c、s 与开口呼及合口呼韵母能拼合；zh、ch、sh、r、z、c、s 跟齐齿呼韵母里的 i 能拼合。

（3）j、q、x 跟撮口呼韵母能拼合，但拼写时要抹掉 ü 上两点；跟 iong 能拼合。

（4）n、l 跟撮口呼里的 ü、üe 能拼合，其余撮口呼韵母不拼合；跟 ei 能拼合。

2. 声韵不能拼合的音节

（1）sh 跟 ong 不拼合，故只有 song 音节。

（2）d、t 跟 in 不拼合，故只有 ding 音节；跟 en 不拼合，故只有 deng 音节；跟 ei 不拼合。

（3）o 与 b、p、m、f 之外的声母不拼合。

（4）z、c、s 跟 ua、uai、uang 不拼合，故只有 zhua、zhuai、zhuang 音节。

（5）n 跟 uen(un) 不拼合，故只有 lun 音节。

（6）b、p、m、f 跟 ong 不拼合，故只有 beng、peng、meng、feng 音节。

（7）b、p、m、f、d、t 跟 ia、iang 不能拼合。

（8）j、q、x 跟开口呼韵母(a、o、e 开头的)不能拼合；跟 u 不能拼合。

（9）n、l 跟 uei(ui) 不拼合。

（10）zh、ch、r 跟 ei 不拼合。

(11)l 跟 en 不拼合。

(12)g、k、h、f 跟齐齿呼(i 开头的)不能拼合；跟撮口呼(ü 开头的)不能拼合。

3. 特殊音节处理

(1)er 单独构成音节。

(2)ong 不构成零声母。

(3)ueng 只能构成零声母。

(4)sh 跟 ei 组合只有一个字"谁"shéi。

(5)n 跟 en 组合只有两个字"嫩"nèn 和"恁"nèn。

(6)"嘚"(dēi)、"得"(děi)之外再无"dei"音节。

(7)sen 音节只有"森"、seng 音节只记"僧"。

(8)nin 音节只有"您"。

(9)den 有特例"扽"(dèn)。

(10)neng 音节只有"能"、nong 音节只有"弄"、niang 音节只有"娘"和"酿"、nān 音节只有"囡"、nou 音节只有"耨"、nuan 音节只有"暖"。

三、音节拼写规则

(一)y、w 的使用

y、w 起隔音作用,例：dai—da yi

1. 韵母 i 行

改写：ia、ie、iao、iou、ian、iang、iong 自成音节时,小写改大写。

例如：ia—ya iao—yao

加写：i、in、ing 自成音节时,加写"y"。

例如：i—yi in—yin

2. 韵母 u 行

改写：ua、uo、uai、uei、uan、uen、uang、ueng 自成音节时,改小写为大写。

例如：ua—wa uen—wen

加写：只有 u 加写"w"。

例如：u—wu

3. 韵母 ü 行

加写省写：ü、üe、üan、ün 四个自成音节时,加写"y",省略两点。

例如：ü—yu üe—yue

总结起来,汉语音节的拼写规则有如下几条规律：

(1)齐齿呼 i 韵母在自成音节时均加"y"；合口呼 u 韵母在自成音节时一律在前加"w"。

(2) iou、uei、uen 自成音节时加"y、w",变成 you、wei、wen。
(3) 当三个韵母出现在声母前,一般省略掉中间的主要元音。
(4) 结构分析中,主要元音、声调不能丢。

(二)隔音符号的用法

用在开口呼韵母中,当开口呼韵母与其他韵母易发生混淆时,用隔音符号。
例如:ku'ài(酷爱)—kuài(快)　xī'ān(西安)—xiān(先)

(三)省写

1. 韵母 iou、uei、uen 的省写
iou、uei、uen 前面加辅音声母的时候,写成 iu、ui、un。
例如:x—iou→xiu　h—uei→hui　c—uen→cun
2. ü 上两点的省略
ü 跟 n、l 以外的声母相拼时都省写两点,即与 j、q、x 相拼时省写两点。
例如:j—ü→ju

(四)标调法

1. 声调符号一般标在一个音节的主要元音(即韵腹)上。
2. 在 iu、ui 这两个韵母中,声调符号标在后面的 u 或 i 上面。
3. 调号恰巧标在 i 的上面,那么 i 上的小点要省去。
4. 轻声音节不标调。

(五)音节连写和大写

1. 同一个词的音节要连写,词与词一般分写,句子或诗开头的字母要用大写。
2. 专用名词和专用短语中的每个词开头字母都要大写。
3. 标题中的字母可以全部大写,也可以每个词开头的字母大写。

第五节　音变

一、变调

在语流中,有些音节的声调起了一定的变化,与单读时调值不同,这种变化叫变调。

（一）上声的变调

1. 两个上声相连

(1) 两个上声相连,前一个声调值变35,这叫逆行异化。

例如:水果、演讲、了解、领导

(2) 在原为上声改读轻声的字音前,变35或21。

例如:捧起、等等(变35)

　　　嫂子、姐姐(变21)

2. 三个上声相连

(1) 第一音节调值变读21,第二音节调值变35。

例如:很勇敢、小老虎(21 35 214)

(2) 前两个音节调值都变读35。

例如:展览馆、管理组(35 35 214)

3. 连念的上声字不止三个

只保留最后一个字音读214,前面一律为35。

例如:买五把雨伞

4. 在非上声的前面,调值由214变21。

例如:北京、语言、土地

（二）"一、不"的变调

1. "一、不"单念或用在词句末尾,以及"一"在序数中,声调不变(55、51)。

2. 在去声前,一律变35。

3. 在非去声前,"一"变51,"不"仍读去声(51)。

4. 在相同的动词中间,"不"在可能补语中读轻声。

（三）"七、八"的变调

"七、八"在去声调前调值可以变35,也可不变,其余场合念原调值55。

（四）去声的变调

两个去声相连,前一个如果不是重读音节则变成53。

例如:信念、变化

（五）形容词重叠的变调

1. 单音节形容词重叠后儿化时,第二个音节不论本调是什么,往往读成55调值。

例如:好好儿、慢慢儿

2. 单音节形容词的叠音后缀,不论原来是什么声调的字,多半念成55调值。

例如:沉甸甸、白生生

但也有念成原调的。

例如:软绵绵、金灿灿

3. 双音节形容词重叠后,第二个音节变为轻声,第三、四个音节多半读55调值。

例如:老老实实、干干净净

二、轻声

轻声指的是在一定条件下,读得又短又轻的调子。

轻声音节的变化与音长有关,主要表现在音长变短,音强次之。轻声本身有音高变化,与前字的声调有关。轻声音节不仅引起音高、音长、音强的变化,而且引起音色的变化。

一般语气词"吧、啊、呢、吗"等,助词"着、了、过、的、地、得"等,名词后缀"头、儿、子"等,重叠词"走走、看看"等,单音节动词后表示趋向"回来、出去、跑回来"等,名词后方位"天上、地上、屋里"等,量词"那个、这次"等,代词"你、我、他"放在动词后做宾语"找你、叫我"等,以上这些情况都读轻声。

三、儿化

在语流中,韵母带卷舌色彩的一种特殊音变现象。

儿化的作用:

(1)区别词义。

例如:头(脑袋)—头儿(首领)

鼻(五官之一)—鼻儿(器物上能穿上东西的小孔)

(2)区分词性。

例如:盖(动词)—盖儿(名词)

画(动词)—画儿(名词)

(3)表示细小、轻松或亲切、喜爱的感情色彩。

例如:小猫儿、小孩儿、金鱼儿、花儿

四、语气词"啊"的音变

前面音节末尾的因素	"啊"的音变	汉字写法	举例
a、o、e、ê、i、ü	ya	呀	妈呀 小鸡呀
u(包括 ao、iao)	wa	哇	多好哇 真妙哇

续表

前面音节末尾的因素	"啊"的音变	汉字写法	举例
n	na	哪	难哪　亲人哪
ng	nga	啊	真香啊　好听啊
-i（舌尖前元音）	za	啊	字啊　几次啊
-i（舌尖后元音）	ra	啊	是啊　小二啊　快吃啊

第六节　语音规范化

一、正音标准

语音的规范化主要是根据语音发展的规律来确立和推广标准音。这里主要包含两方面的内容：第一，确立正音标准；第二，推广标准音。

1. 确立正音标准

汉民族共同语以北京语音为标准音，这在 1955 年就已经明确了。然而在北京语音内部，还存在着分歧，这对学习和推广普通话是不利的。北京语音的内部分歧有两种：

（1）北京口语的土音成分。

例如：太好了——tuī hǎo le

　　　不言语——bù yuán yi

　　　蝴蝶——hú tiěr

（2）北京话里的异读词，即习惯上有几种不同读音的词。异读词中的字，声母、韵母或声调可能不同，有的声、韵、调都不同。

例如：声母不同　酵母 jiào—xiào　　赏赐 cì—sì

　　　韵母不同　拂晓 fú—fó　　　　怯懦 qiè—què

　　　声调不同　教室 shì—shǐ　　　拙劣 zhuō—zhuó

　　　其他情况　扫帚 zhǒu—zhù　　沸腾 fèi—fú

2. 推广标准音

推广标准音是语言规范化的一项重要任务，要求我们发音符合普通话的语音规范。这点根据地域和职业的不同也有不同的要求，北方人应该尽量符合标准，南方人要努力克服方言的语音、语调影响。语言工作者更应该从自身做起，成为推广学习使用普通话的传播者。

二、异读词审音

(一)异读词产生原因

1. 文白异读

有些是由于读书音(文读)和口语(白话)的分歧造成的,如"柏"读书音是 bó,口语音是 bǎi;"凿"读书音是 zuò,口语音是 záo;"液"读书音是 yì,口语音是 yè;"暴露"的"暴"读书音是 pù,口语音是 bào;还有"熟"shú(文)shóu(口)、"血"xuè(文)xiě(口)、"剥"bō(文)bāo(口)等。

2. 方音影响

有的异读是各方言读音影响造成的,例如北京话吸收吴方言的词"揩油",使"揩"产生了 kai 和 ka(方音)两种读音,还有"卡片"的"卡"有 kǎ、qiǎ 两种读音。

3. 讹读影响

有些异读是误读造成的,如"械"读 jiè、"畸"读 qí、"酵"读 xiào,都是照半边字读错了字音,但是长期通行,正误并存,形成异读。

4. 背离规律

还有一些异读按语音发展规律应读某音,但又出现不合规律的特殊读法,如"帆"字是古浊平声字,按规律应读阳平,但又出现阴平的读法,"含"读成 hén、"(泥)泞"读成 néng 都是北京话语音发展的特殊现象。

(二)异读词审音原则

1. 以北京语音系统为审音依据。
2. 充分考虑北京语音发展趋势,同时适当参考在官话及其他方言区中的通行程度。
3. 以往审音确定的为普通话使用者广泛接受的读音,保持稳定。
4. 尽量减少没有别义作用或语体差异的异读。
5. 在历史理据和现状调查都不足以硬性划 的情况下,暂时保留异读并提出推荐读音。

(三)普通话异读词审音表

该表是由国家语委、原国家教委和原广电部于 1985 年 12 月发布的。到目前为止,它是关于异读词读音规范的最新的法定标准,是我们规范异读字读音的主要依据。《普通话异读词审音表》着眼于普通话词语的一些异读现象来审定读音,继承了 1963 年发布的《普通话异读词三次审音总表初稿》的成果,重新审订了某些读音。

为全面贯彻《国家通用语言文字法》,推进普通话推广工作,国家语委于 2011 年 10 月启动了新中国成立以来第三次普通话审音工作,主要内容是研制普通话审音原则,根据当前语言生活发展需要修订1985年发布的《普通话异读词审音表》,建立健全普通话语音规范标准体系。为此,特成立了由语言学、教育学、普通话研究以及播音主持、科技名词、地名、民族语言等领域专家组成的普通话审音委员会,设立了"普通话审音原则制定及《普通话异读词审音表》修订"课题,由中国社会科学院语言研究所承担,并于2016年5月发布了修订版。

第七节 汉语拼音正词法基本规则

《汉语拼音正词法基本规则》由国家技术监督局1996年1月22日批准发布,1996年7月1日实施。经国家质量监督检验检疫总局、国家标准化管理委员会批准,新版《汉语拼音正词法基本规则》于2012年6月29日发布,10月1日实施。

《汉语拼音正词法基本规则》规定了用《汉语拼音方案》拼写现代汉语的规则,内容包括分词连写规则、人名地名拼写规则、大写规则、缩写规则、标调规则、移行规则、标点符号使用规则等。为了适应特殊的需要,同时规定了一些变通规则。该标准适用于文化教育、编辑出版、中文信息处理及其他方面的汉语拼音拼写。

一、分词连写规则

拼写普通话基本上以词为书写单位。整体来看,一般表示一个整体概念的双音节和三音节结构,连写。四音节及四音节以上表示一个整体概念的名称,按词或语节(词语内部由语音停顿而划分成的片段)分写,不能按词或语节划分的,全都连写。

下面具体按词性说明分词连写的基本规则:

(一)名词

1. 词与后面的方位词,分写。

例如:shān shàng(山上)　shù xià(树下)
　　　huǒchē shàngmian(火车上面)　xuéxiào pángbiān(学校旁边)

2. 名词与后面的方位词已经成词的,连写。

例如:tiānshang(天上)　hǎiwài(海外)

(二)动词

1. 动词与后面的动态助词"着""了""过",连写。

例如:kànzhe(看着)　jìnxíngguo(进行过)

2. 句末的"了"兼做语气助词,分写。

例如:Zhè běn shū wǒ kàn le.(这本书我看了。)

3. 动词与所带的宾语,分写。
例如:kàn xìn(看信)　jiāoliú jīngyàn(交流经验)
4. 动词(或形容词)与后面的补语,两者都是单音节的,连写;其余情况,分写。
例如:gǎohuài(搞坏)　dǎsǐ(打死)
　　　zǒu jìnlai(走进来)　zhěnglǐ hǎo(整理好)

(三)形容词

1. 单音节形容词与用来表示形容词生动形式的前附成分或后附成分,连写。
例如:mēngmēngliàng(蒙蒙亮)　liàngtángtáng(亮堂堂)
2. 形容词和后面的"些""一些""点儿""一点儿",分写。
例如:dà yīxiē(大一些)　kuài diǎnr(快点儿)

(四)代词

1. 人称代词、疑问代词与其他词语,分写。
例如:Wǒ ài Zhōngguó.(我爱中国。)
2. (1)指示代词"这""那"、疑问代词"哪"和名词或量词,分写。
例如:zhè zhī chuán(这只船)　nà cì huìyì(那次会议)
(2)指示代词"这""那""哪"与后面的"点儿""般""边""时""会儿",连写。
例如:zhèbiān(这边)　nàhuìr(那会儿)
3. "各""每""某""本""该""我""你"等与后面的名词或量词,分写。
例如:gè guó(各国)　běn bùmén(本部门)　gāi gōngsī(该公司)

(五)数词和量词

1. 汉字数字用汉语拼音拼写,阿拉伯数字则仍保留阿拉伯数字写法。
例如:èr líng yī bā nián(二〇一八年)　èr fēn zhī yī(二分之一)
2. 十一到九十九之间的整数,连写。
例如:shíwǔ(十五)　sānshísān(三十三)
3. "百""千""万""亿"与前面的个位数,连写;"万""亿"与前面的十位以上的数,分写;当前面的数词为"十"时,也可连写。
例如:shí yì líng qīwàn èrqiān sānbǎi wǔshíliù/ shíyì líng qīwàn èrqiān sānbǎi wǔshíliù(十亿零七万二千三百五十六)
4. 数词和量词,分写。
例如:liǎng gè rén(两个人)　yī dà wǎn fàn(一大碗饭)

（六）副词

副词与后面的词语,分写。

例如：hěn hǎo（很好）　shífēn gǎndòng（十分感动）

（七）介词

介词与后面的其他词语,分写。

例如：cóng zuótiān qǐ（从昨天起）　wèi rénmín fúwù（为人民服务）

（八）连词

连词与其他词语,分写。

例如：gōngrén hé nóngmín（工人和农民）　guāngróng ér jiānjù（光荣而艰巨）

（九）助词

1. 结构助词"的""地""得""之""所"等与其他词语,分写。其中,"的""地""得"前面的词是单音节的,也可连写。

例如：Zhè shì wǒ de shū.（这是我的书。）
　　　Tǎn bái de gàosu nǐ ba.（坦白地告诉你吧。）
　　　dǎ sǎo de gānjìng（打扫得干净）
　　　xiě de bù hǎo/xiěde bù hǎo（写得不好）

2. 语气助词与其他词语,分写。

例如：Nǐ zhīdào ma?（你知道吗？）
　　　Kuài qù ba!（快去吧！）
　　　Huǒchē dào le（火车到了。）

（十）叹词

叹词通常独立于句法结构之外,与其他词语分写。

例如：A! Zhēn měi!（啊！真美！）
　　　Āiyā, wǒ zěnme bù zhīdào ne!（哎呀,我怎么不知道呢！）

（十一）拟声词

拟声词与其他词语,分写。

例如："hōnglōng" yī shēng（"轰隆"一声）
　　　jījīzhāzhā jiào gè bù tíng（叽叽喳喳叫个不停）

二、人名地名拼写规则

(一)人名拼写

1. 汉语人名中的姓和名分写,姓在前,名在后。复姓连写。双姓中间加连接号。姓和名的首字母分别大写,双姓两个字首字母都大写。

例如:Lǐ Huá(李华)　Wáng Jiànguó(王建国)　Dōngfāng Shuò(东方朔)

2. 人名与职务、称呼等,分写;职务、称呼等首字母小写。

例如:Wáng bùzhǎng(王部长)　Tián zhǔrèn(田主任)　Liú lǎoshī(刘老师)
　　　Dīng xiōng(丁兄)　Zhāng mā(张妈)　Sūn mǒu(孙某)

3. "老""小""大""阿"等与后面的姓、名、排行,分写,分写部分的首字母分别大写。

例如:Xiǎo Liú(小刘)　Lǎo Qián(老钱)　Lǎo Zhāng tóur(老张头儿)

4. 已经专名化的称呼,连写,开头大写。

例如:Kǒngzǐ(孔子)　Bāogōng(包公)　Xīshī(西施)　Mèngchángjūn(孟尝君)

(二)地名拼写

1. 汉语地名中的专名和通名,分写,每一分写部分的首字母大写。

例如:Běijīng Shì(北京市)　Héběi Shěng(河北省)
　　　Tài Shān(泰山)　Dòngtíng Hú(洞庭湖)

2. 专名与通名的附加成分,如是单音节的,与其相关部分连写。

例如:Jǐngshān Hòujiē(景山后街)　Dōngsì shítiáo(东四十条)

3. 已专名化的地名不再区分专名和通名,各音节连写。

例如:Hēilóngjiāng(黑龙江〔省〕)　Wángcūn(王村〔镇〕)
　　　Zhōukǒudiàn(周口店)　Sāntányìnyuè(三潭印月)

4. 非汉语人名、地名的汉字名称,用汉语拼音拼写。

例如:Wūlán fū(乌兰夫,Ulanhu)　Mǎkèsī(马克思,Marx)
　　　Wūlǔmùqí(乌鲁木齐,Urumqi)　Lúndūn(伦敦,London)

三、大写规则

(一)句子开头的字母大写

例如:Chūntiān lái le.(春天来了。)
　　　Wǒ ài wǒ de jiāxiāng.(我爱我的家乡。)

（二）诗歌每行开头的字母大写

例如：《Yǒude Rén》(《有的人》)
　　　Zāng Kèjiā(臧克家)
　　　Yǒude rén huózhe,(有的人活着,)
　　　Tā yǐjīng sǐ le;(他已经死了;)
　　　Yǒude rén sǐ le,(有的人死了,)
　　　Tā hái huózhe。(他还活着。)

（三）专有名词的首字母大写

由几个词组成的专有名词,每个词的首字母大写。
例如：Běijīng(北京)　Qīngmíng(清明)　Fēilǜbīn(菲律宾)
　　　Guójì Shūdiàn(国际书店)　Guāngmíng Rìbào(光明日报)
在某些场合,专有名词的所有字母可全部大写。
例如：XIANDAI HANYU CIDIAN(现代汉语词典)　BEIJING(北京)
　　　LI HUA(李华)　DONGFANG SHUO(东方朔)

（四）专有名词成分与普通名词成分连写在一起的,是专有名词或视为专有名词的,首字母大写;是一般语词或视为一般语词的,首字母小写

例如：Míngshǐ(明史)　Yuèyǔ(粤语)　Fójiào(佛教)　Tángcháo(唐朝)
　　　ējiāo(阿胶)　zhōngshānfú(中山服)　chuānxiōng(川芎)

四、缩写规则

（一）连写的拼写单位（多音节词或连写的表示一个整体概念的结构）,缩写时取每个汉字拼音的首字母,大写并连写

例如：Běijīng(缩写:BJ)(北京)　ruǎnwò(缩写:RW)(软卧)

（二）分写的拼写单位（按词或语节分写的表示一个整体概念的结构）,缩写时以词或语节为单位取首字母,大写并连写

例如：hànyǔ shuǐpíng kǎoshì(缩写:HSK)(汉语水平考试)
　　　pǔtōnghuà shuǐpíng cèshì(缩写:PSC)(普通话水平测试)

（三）为了给汉语拼音的缩写形式做出标记,可在每个大写字母后面加小圆点

例如:Běijīng(北京)也可缩写:B.J.　guójiā biāozhǔn(国家标准)也可缩写:G.B.

（四）汉语人名的缩写,姓全写,首字母大写或每个字母大写;名取每个汉字拼音的首字母,大写,后面加小圆点

例如:Lǐ Huá(缩写:Lǐ H.或 LI H.)(李华)
　　　Wáng Jiànguó(缩写:Wáng J.G.或 WANG J.G.)(王建国)
　　　Dōngfāng Shuò(缩写:Dōngfāng S.或 DONGFANG S.)(东方朔)

五、标调规则

（一）声调符号标在一个音节的主要元音(韵腹)上

韵母 iu、ui,声调符号标在后面的字母上面。在 i 上标声调符号,应去掉 i 上的小点。
例如:āyí(阿姨)　cèlüè(策略)　dàibiǎo(代表)
　　　guāguǒ(瓜果)　liúshuǐ(流水)　xīnxiān(新鲜)
轻声音节不标声调。
例如:zhuāngjia(庄稼)　qīngchu(清楚)　kàndeqǐ(看得起)

（二）"一、不"一般标原调,不标变调

例如:yī jià(一架)　yī tiān(一天)　bù qù(不去)　bù duì(不对)

（三）ABB、AABB 形式的词语,BB 一般标原调,不标变调

例如:lǜyóuyóu(绿油油)　chéndiàndiàn(沉甸甸)
　　　hēidòngdòng(黑洞洞)　piàopiàoliàngliàng(漂漂亮亮)
有些词语的 BB 在语言实际中只读变调,则标变调。
例如:hóngtōngtōng(红彤彤)
　　　xiāngpēnpēn(香喷喷)
　　　huángdēngdēng(黄澄澄)

（四）在某些场合,专有名词的拼写也可不标声调

例如:Li Hua(缩写:Li H.或 LI H.)(李华)　Beijing(北京)
　　　RENMIN RIBAO(人民日报)　WANGFUJING DAJIE(王府井大街)

六、移行规则

(一)移行要按音节分开,在没有写完的地方加连接号。音节内部不可拆分

例如:guāngmíng(光明)移作"……guāng-
míng"(光明)
不能移作"……gu-
āngmíng"(光明)。

(二)缩写词(如 GB,HSK,汉语人名的缩写部分)不可移行

例如:Wáng J.G.(王建国)移作"……Wáng
J.G."(王建国)
不能移作"……Wáng J.-
G."(王建国)

(三)音节前有隔音符号,移行时去掉隔音符号,加连接号

例如:Xī'ān(西安)移作"……Xī-
ān"(西安)
不能移作"……Xī'-
ān"(西安)

(四)在有连接号处移行时,末尾保留连接号,下行开头补加连接号

例如:chēshuǐ-mǎlóng(车水马龙)移作"……chēshuǐ-
-mǎlóng"(车水马龙)

七、标点符号使用规则

标点符号用法是国家语委语言文字应用研究所制定的国家标准,规定了标点符号的名称、形式和用法,对汉语书写规范有重要的辅助作用。下面详细介绍标点符号的基本用法。

(一)句号

句末点号,主要表示句子的陈述语气。形式是"。"。

1.用于句子末尾,表示陈述语气。
例如:北京是中华人民共和国的首都。
(甲:咱们走着去吧?)乙:好。

2. 有时也可表示较缓和的祈使语气和感叹语气。

例如:请您稍等一下。

我不由得感到,这些普通劳动者也是同样值得尊敬的。

(二)问号

句末点号,主要表示句子的疑问语气。形式是"?"。

1. 用于句子末尾,表示疑问语气。

例如:你怎么还不回家去呢?

难道这些普通的战士不值得歌颂吗?

2. 选择问句中,通常只在最后一个选项的末尾用问号,各个选项之间一般用逗号隔开。当选项较短且选项之间几乎没有停顿时,选项之间可不用逗号。当选项较多或较长,或有意突出每个选项的独立性时,也可每个选项之后都用问号。

例如:这是巧合还是有意安排?

要一个什么样的结尾:现实主义的？传统的？大团圆的？荒诞的？

3. 在多个问句连用或表达疑问语气加重时,可叠用问号。通常应先单用,再叠用,最多叠用三个问号。

例如:这就是你的做法吗？你这个总经理是怎么当的?? 你怎么竟敢这样欺骗消费者???

4. 问号也有标号的用法,即用于句内,表示存疑或不详。

例如:马致远(1250？—1321),大都人,元代戏曲家、散曲家。

出现这样的文字错误,说明作者(编者？校者？)很不认真。

5. 使用问号应以句子表示疑问语气为依据,而并不根据句子中包含有疑问词。当含有疑问词的语段充当某种句子成分,而句子并不表示疑问语气时,句末不用问号。

例如:谁也不见,什么也不吃,哪儿也不去。

我也不知道他究竟躲到什么地方去了。

(三)叹号

句末点号,主要表示句子的感叹语气。形式是"!"。

1. 用于句子末尾,主要表示感叹语气,有时也可表示强烈的祈使语气、反问语气等。

例如:才一年不见,这孩子都长这么高啦!

你给我住嘴!

2. 用于拟声词后,表示声音短促或突然。

例如:咚! 咚咚! 突然传来一阵急促的敲门声。

3. 表示声音巨大或声音不断加大时,可叠用叹号;表达强烈语气时,也可叠用叹号,最多叠用三个叹号。

例如:我要揭露！我要控诉!! 我要以死抗争!!!
4.当句子包含疑问、感叹两种语气且都比较强烈时,可在问号后再加叹号。
例如:这么点困难就能把我们吓倒吗?!

(四)逗号

句内点号,表示句子或语段内部的一般性停顿。形式是","。
1.复句内各分句之间的停顿,一般都用逗号。
例如:不是人们的意识决定人们的存在,而是人们的社会存在决定人们的意识。
　　　学历史使人更明智,学文学使人更聪慧,学数学使人更精细,学考古使人更深沉。
2.用于下列各种语法位置:
(1)较长的主语之后。
例如:苏州园林建筑各种门窗的精美设计,都令人叹为观止。
(2)句首的状语之后。
例如:在苍茫的大海上,狂风卷集着乌云。
(3)较长的宾语之前。
例如:有的考古工作者认为,南方古猿生存于上新世至更新世的初期和中期。
(4)带句内语气词的主语(或其他成分)之后,或带句内语气词的并列成分之间。
例如:他呢,倒是很乐意地、全神贯注地干起来了。
(5)较长的主语中间、谓语中间或宾语中间。
例如:那姑娘头戴一顶草帽,身穿一条绿色裙子,腰间还系着一根橙色腰带。
(6)前置的谓语之后或后置的状语、定语之前。
例如:真美啊,这条蜿蜒的林间小路。
3.用于下列各种停顿处:
(1)复指成分或插说成分前后。
例如:老张,就是原来的办公室主任,上星期已经调走了。
(2)语气缓和的感叹语、称谓语或呼唤语之后。
例如:哎哟,这儿,快给我揉揉。
　　　喂,你是哪个单位的?
(3)某些序次语("第"字头、"其"字头及"首先"类序次语)之后。
例如:为什么许多人都有长不大的感觉呢？原因有三:第一,父母总认为自己比孩子成熟;
　　　第二,父母总要以自己的标准来衡量孩子;第三,父母出于爱心而总不想让孩子在成
　　　长的过程中走弯路。
4.用顿号表示较长、较多或较复杂的并列成分之间的停顿时,最后一个成分前可用"以及"或"及"进行连接,"以及"或"及"之前应用逗号。

例如：压力过大、工作时间过长、作息不规律，以及忽视营养均衡等，均会导致健康状况的下降。

（五）顿号

句内点号，表示语段中并列词语之间或某些序次语之后的停顿。形式是"、"。

1. 用于并列词语之间。

例如：这里有自由、民主、平等、开放的风气和氛围。

造型科学、技艺精湛、气韵生动，是盛唐石雕的特色。

2. 用于需要停顿的重复词语之间。

例如：他几次三番、几次三番地辩解着。

3. 用于某些序次语（不带括号的汉字数字或天干地支类序次语）之后。

例如：我准备讲两个问题：一、逻辑学是什么？二、怎样学好逻辑学？

4. 相邻或相近两数字连用表示概数通常不用顿号。若相邻两数字连用为缩略形式，宜用顿号。

例如：飞机在6 000米高空水平飞行时，只能看到两侧八九千米和前方一二十千米范围内的地面。

农业是国民经济的基础，也是二、三产业的基础。

5. 标有引号的并列成分之间、标有书名号的并列成分之间通常不用顿号。若有其他成分插在并列的引号之间或并列的书名号之间（如引语或书名号之后还有括注），宜用顿号。

例如：店里挂着"顾客就是上帝""质量就是生命"等横幅。

《红楼梦》《三国演义》《西游记》《水浒传》，是我国长篇小说的四大名著。

李白的"白发三千丈"（《秋浦歌》）、"朝如青丝暮成雪"（《将进酒》）都是脍炙人口的诗句。

6. 用阿拉伯数字表示年月日的简写形式时，用短横线连接号，不用顿号。

例如：2018－03－02

（六）分号

句内点号，表示复句内部并列关系分句之间的停顿，以及非并列关系的多重复句中第一层分句之间的停顿。形式是"；"。

1. 表示复句内部并列关系的分句（尤其当分句内部还有逗号时）之间的停顿。

例如：内容有分量，尽管文章短小，也是有分量的；内容没有分量，即使写得再长也没有用。

2. 表示非并列关系的多重复句中第一层分句（主要是选择、转折等关系）之间的停顿。

例如：人还没看见，已经先听见歌声了；或者人已经转过山头望不见了，歌声还余音袅袅。

昨天夜里下了一场雨，以为可以凉快些；谁知没有凉快下来，反而更热了。

3. 用于分项列举的各项之间。

例如:特聘教授的岗位职责为:一、讲授本学科的主干基础课程;二、主持本学科的重大科研项目;三、领导本学科的学术队伍建设;四、带领本学科赶超或保持世界先进水平。

(七)冒号

句内点号,表示语段中提示下文或总结上文的停顿。形式是":"。

1. 用于总说性或提示性词语(如"说""例如""证明"等)之后,表示提示下文。

例如:北京紫禁城有四座城门:午门、神武门、东华门和西华门。

她高兴地说:"咱们去好好庆祝一下吧!"

2. 表示总结上文。

例如:张华上了大学,李萍进了技校,我当了工人:我们都有美好的前途。

3. 用在需要说明的词语之后,表示注释和说明。

例如:主办单位:市文化局;承办单位:市图书进出口公司;

时间:8月15日—20日;地点:市体育馆观众休息厅。

4. 用于书信、讲话稿中称谓语或称呼语之后。

例如:同志们、朋友们:……

5. 一个句子内部一般不应套用冒号。在列举式或条文式表述中,如不得不套用冒号时,宜另起段落来显示各个层次。

例如:第十条　遗产按照下列顺序继承:

第一顺序:配偶、子女、父母。

第二顺序:兄弟姐妹、祖父母、外祖父母。

6. 冒号用在提示性话语之后引起下文。表面上类似但实际不是提示性话语的,其后用逗号。

例如:郦道元《水经注》记载:"沼西际山枕水,有唐叔虞祠。"(提示性话语)

据《苏州府志》载,苏州城内大小园林有150多座,可算是名副其实的园林之城。(非提示性话语)

7. 冒号提示范围无论大小(一句话、几句话甚至几段话),都应与提示性话语保持一致(即在该范围的末尾要用句号点断)。应避免冒号涵盖范围过窄或过宽。

例如:艾滋病有三个传播途径:血液传播,性接触传播和母婴传播。日常接触是不会传播艾滋病的。

8. 冒号应用在有停顿处,无停顿处不应用冒号。

例如:他头也不抬,冷冷地问:"你叫什么名字?"(有停顿)

这事你得拿主意,光说"不知道"怎么行?(无停顿)

（八）引号

标号,标示语段中直接引用的内容或需要特别指出的成分。形式有双引号""""和单引号"''"两种,左侧的为前引号,右侧的为后引号。

1. 标示语段中直接引用的内容。

例如:李白诗中就有"白发三千丈"这样极尽夸张的语句。

2. 标示需要着重论述或强调的内容。

例如:这里所谓的"文",并不是指文字,而是指文采。

3. 标示语段中具有特殊含义而需要特别指出的成分,如别称、简称、反语等。

例如:人类学上常把古人化石统称为尼安德特人,简称"尼人"。

有几个"慈祥"的老板把捡来的菜叶用盐浸浸就算作工友的菜肴。

4. 当引号中还需要使用引号时,外面一层用双引号,里面一层用单引号。

例如:他问:"老师,'七月流火'是什么意思?"

5. 独立成段的引文如果只有一段,段首和段尾都用引号;不止一段时,每段开头仅用前引号,只在最后一段末尾用后引号。

例如:我曾在报纸上看到有人这样谈幸福:

"幸福是知道自己喜欢什么和不喜欢什么。……

"幸福是知道自己擅长什么和不擅长什么。……

"幸福是在正确的时间做了正确的选择。……"

6. 在书写带月、日的事件、节日或其他特定意义的短语(含简称)时,通常只标引其中的月和日;需要突出和强调该事件或节日本身时,也可连同事件或节日一起标引。

例如:"5·12"汶川大地震

"五四"以来的话剧,是我国戏剧中的新形式。

纪念"五四运动"100周年

7. "丛刊""文库""系列""书系"等作为系列著作的选题名,宜用引号标引。当"丛刊"等为选题名的一部分时,放在引号之内,反之则放在引号之外。

例如:"汉译世界学术名著丛书"

"中国哲学典籍文库"

"20世纪心理学通览"丛书

（九）括号

标号,标示语段中的注释内容、补充说明或其他特定意义的语句。主要形式是圆括号"( )"。此外还有方括号"[ ]"、六角括号"〔 〕"和方头括号"【 】"等。

1. 标示下列各种情况,均用圆括号:
(1)标示注释内容或补充说明。
例如:我校拥有特级教师(含已退休的)17人。
(2)标示订正或补加的文字。
例如:该建筑公司负责的建筑工程全部达到优良工程(的标准)。
(3)标示序次语。
例如:语言有三个要素:(1)声音;(2)结构;(3)意义。
(4)标示引语的出处。
例如:他说得好:"未画之前,不立一格;既画之后,不留一格。"(《板桥集·题画》)
(5)标示汉语拼音注音。
例如:"的(de)"这个字在现代汉语中最常用。
2. 标示作者国籍或所属朝代时,可用方括号或六角括号。
例如:[英]赫胥黎《进化论与伦理学》
〔唐〕杜甫著
3. 报刊标示电讯、报道的开头,可用方头括号。
例如:【新华社南京消息】
4. 标示公文发文字号中的发文年份时,可用六角括号。
例如:国发〔2011〕3号文件
5. 标示被注释的词语时,可用六角括号或方头括号。
例如:〔奇观〕奇伟的景象。
【爱因斯坦】物理学家。生于德国,1933年因受纳粹政权迫害,移居美国。
6. 括号可分为句内括号和句外括号。
句内括号用于注释句子里的某些词语,即本身是句子的一部分,应紧跟在被注释的词语之后。句外括号则用于注释句子、句群或段落,即本身结构独立,不属于前面的句子、句群或段落,应位于所注释语段的句末点号之后。
例如:标点符号用来表示语句的停顿、语气以及标示某些成分(主要是词语)的特定性质和作用。(数学符号、货币符号……不属于标点符号。)

(十)破折号

标号,标示语段中某些成分的注释、补充说明或语音、意义的变化。形式是"——"。
1. 标示注释内容或补充说明(也可用括号)。
例如:一个矮小而结实的日本中年人——内山老板走了过来。
2. 标示插入语(也可用逗号)。
例如:这简直就是——说得不客气点——无耻的勾当!

3. 标示总结上文或提示下文(也可用冒号)。

例如:坚强,纯洁,严于律己,客观公正——这一切都难得地集中在一个人身上。

　　　画家开始娓娓道来——

4. 标示话题的转换。

例如:"好香的干菜,——听到风声了吗?"赵七爷低声说道。

5. 标示声音的延长。

例如:"嘎——"传过来一声水禽被惊动的鸣叫。

6. 标示话语的中断或间隔。

例如:"班长他牺——"小马话没说完就大哭起来。

7. 标示引出对话。

例如:——你长大后想成为科学家吗?

　　　——当然想了!

8. 标示事项列举分承。

例如:根据研究对象的不同,环境物理学分为以下五个分支学科:

　　　——环境声学;

　　　——环境光学;

　　　——环境热学;

　　　——环境电磁学;

　　　——环境空气动力学。

9. 用于副标题之前。

例如:飞向太平洋

　　　——我国新型号运载火箭发射目击记

10. 用于引文、注文后,标示作者、出处或注释者。

例如:先天下之忧而忧,后天下之乐而乐。——范仲淹

　　　乐浪海中有倭人,分为百余国。——《汉书》

(十一)省略号

标号,标示语段中某些内容的省略及意义的断续等。形式是"……"。

1. 标示引文的省略。

例如:我们齐声朗诵起来:"……俱往矣,数风流人物,还看今朝。"

2. 标示列举或重复词语的省略。

例如:他气得连声说:"好,好……算我没说。"

3. 标示语意未尽。

例如:你这样干,未免太……!

4. 标示说话时断断续续。

例如：她磕磕巴巴地说："可是……太太……我不知道……你一定是认错了。"

5. 标示对话中的沉默不语。

例如："还没结婚吧?""……"他飞红了脸,更加忸怩起来。

6. 标示特定的成分虚缺。

例如：只要……就……

7. 在标示诗行、段落的省略时,可连用两个省略号。

例如：从隔壁房间传来缓缓而抑扬顿挫的吟咏声——

　　　床前明月光,疑是地上霜。

　　　……………

8. 省略号和"等""等等""什么的"等词语不能同时使用。在需要读出来的地方用"等""等等""什么的"等词语,不用省略号。

例如：含有铁质的食物有猪肝、大豆、油菜、菠菜……等。（误）

　　　含有铁质的食物有猪肝、大豆、油菜、菠菜等。（正）

（十二）着重号

标号,标示语段中某些重要的或需要指明的文字。形式是".",标注在相应文字下方。

1. 标示语段中重要的文字。

例如：诗人需要表现,而不是证明。

　　　下面对本文的理解,不正确的一项是：……

2. 标示语段中需要指明的文字。

例如：下面加点的字,除了在词中的读法外,还有哪些读法？

　　　着急　子弹　强调

3. 注意不应使用文字下加直线或波浪线等形式表示着重。文字下加直线为专名号形式；文字下加浪纹线是特殊书名号。着重号的形式统一为相应项目下加小圆点。

例如：下面对本文的理解,不正确的一项是（误）

　　　下面对本文的理解,不正确的一项是（正）

（十三）连接号

标号,标示某些相关联成分之间的连接。形式有短横线"-"、一字线"—"和浪纹线"～"三种。

1. 标示下列各种情况,均用短横线：

(1)化合物的名称或表格、插图的编号。

例如：表2-8、表2-9

(2)连接号码,包括门牌号码、电话号码,以及用阿拉伯数字表示年月日等。

例如:2018－02－15

(3)在复合名词中起连接作用。

例如:吐鲁番－哈密盆地

(4)某些产品的名称和型号。

例如:WZ－10直升机具有复杂天气和夜间作战的能力。

(5)汉语拼音、外来语内部的分合。

例如:shuōshuō－xiàoxiào(说说笑笑)

让－雅克·卢梭("让－雅克"为双名)

2.标示下列各种情况,一般用一字线,有时也可用浪纹线:

(1)标示相关项目(如时间、地域等)的起止。

例如:沈括(1031 — 1095),宋朝人。

2011年2月3日 — 10日

北京—哈尔滨快速列车

(2)标示数值范围(由阿拉伯数字或汉字数字构成)的起止。

例如:25～30g 第五～八课

(3)注意浪纹线连接号用于标示数值范围时,在不引起歧义的情况下,前一数值附加符号或计量单位可省略。

例如:5公斤～100公斤(正) 5～100公斤(正)

(十四)间隔号

标号,标示某些相关联成分之间的分界。形式是"·"。

1.标示外国人名或少数民族人名内部的分界。

例如:阿依古丽·买买提

莎拉·布莱曼

2.标示书名与篇(章、卷)名之间的分界。

例如:《淮南子·本经训》

3.标示词牌、曲牌、诗体名等和题名之间的分界。

例如:《沁园春·雪》

4.用在构成标题或栏目名称的并列词语之间。

例如:《天·地·人》

5.以月、日为标志的事件或节日,用汉字数字表示时,只在一、十一和十二月后用间隔号;当直接用阿拉伯数字表示时,月、日之间均用间隔号(半角字符)。

例如:"一·二八"事变 "一二·九"运动

"3·15"消费者权益日　"9·11"恐怖袭击事件

6.注意当并列短语构成的标题中已用间隔号隔开时,不应再用"和"类连词。

例如:《水星·火星和金星》(误)　《水星·火星·金星》(正)

(十五)书名号

标号,标示语段中出现的各种作品的名称。形式有双书名号"《》"和单书名号"〈〉"两种。

1.标示书名、卷名、篇名、刊物名、报纸名、文件名等。

例如:《红楼梦》(书名)

《史记·项羽本纪》(卷名)

《论雷峰塔的倒掉》(篇名)

《每周关注》(刊物名)

《人民日报》(报纸名)

《全国农村工作会议纪要》(文件名)

2.标示电影、电视、音乐、诗歌、雕塑等各类用文字、声音、图像等表现作品的名称。

例如:《渔光曲》(电影名)

《沁园春·雪》(诗词名)

《东方欲晓》(雕塑名)

《社会广角镜》(栏目名)

《庄子研究文献数据库》(光盘名)

《植物生理学系列挂图》(图片名)

3.标示全中文或中文在名称中占主导地位的软件名。

例如:科研人员正在研制《电脑卫士》杀毒软件。

4.标示作品名的简称。

例如:我读了《念青唐古拉山脉纪行》一文(以下简称《念》),收获很大。

5.当书名号中还需要书名号时,里面一层用单书名号,外面一层用双书名号。

例如:《教育部关于提请审议〈高等教育自学考试试行办法〉的报告》

下面是使用书名号的特殊情况:

1.不能视为作品的课程、课题、奖品奖状、商标、证照、组织机构、会议、活动等名称,不应用书名号。下面均为书名号误用的示例。

例如:下学期本中心将开设《应用汉语》《市场营销》两门课程。

明天将召开《关于"两保两挂"的多视觉理论思考》课题立项会。

本市将向70岁以上(含70岁)老年人颁发《敬老证》。

本校共获得《最佳印象》《自我审美》《卡拉OK》等六个奖杯。

《闪光》牌电池经久耐用。

《文史杂志社》编辑力量比较雄厚。

本市将召开《全国食用天然色素应用研讨会》。

本报将于今年暑假举行《墨宝杯》书法大赛。

2. 有的名称应根据指称意义的不同确定是否用书名号。如文艺晚会指一项活动时,不用书名号;而特指一种节目名称时,可用书名号。再如展览作为一种文化传播的组织形式时,不用书名号;特定情况下将某项展览作为一种创作的作品时,可用书名号。

例如:2008年重阳联欢晚会受到观众的称赞和好评。

本台将重播《2008年重阳联欢晚会》。

"雪域明珠——中国西藏文化展"今天隆重开幕。

《大地飞歌艺术展》是一部大型现代艺术作品。

3. 书名后面表示该作品所属类别的普通名词不标在书名号内。

例如:《我们》杂志

4. 书名有时带有括注。如果括注是书名、篇名等的一部分,应放在书名号之内,反之则应放在书名号之外。

例如:《琵琶行(并序)》

《中华人民共和国民事诉讼法(试行)》

《新政治协商会议筹备会组织条例(草案)》

《百科知识》(彩图本)

《人民日报》(海外版)

5. 书名、篇名末尾如有叹号或问号,应放在书名号之内。

例如:《日记何罪!》

《如何做到同工又同酬?》

(十六)专名号

标号,标示古籍和某些文史类著作中出现的特定类专有名词。形式是一条直线,标注在相应文字的下方。

1. 标示古籍、古籍引文或某些文史类著作中出现的专有名词,主要包括人名、地名、国名、民族名、朝代名、年号、宗教名、官署名、组织名等。

例如:孙坚人马被刘表率军围得水泄不通。(人名)

于是聚集冀、青、幽、并四州兵马七十多万准备决一死战。(地名)

当时乌孙及西域各国都向汉派遣了使节。(国名、朝代名)

从咸宁二年到太康十年,匈奴、鲜卑、乌桓等族人徙居塞内。(年号、民族名)

2. 现代汉语文本中的上述专有名词,以及古籍和现代文本中的单位名、官职名、事件名、会议名、书名等不应使用专名号。必须使用标号标示时,宜使用其他相应标号(如引号、书名号等)。

(十七)分隔号

标号,标示诗行、节拍及某些相关文字的分隔。形式是"/"。

1.诗歌接排时分隔诗行(也可使用逗号和分号)。

例如:春眠不觉晓/处处闻啼鸟/夜来风雨声/花落知多少。

2.标示诗文中的音节节拍。

例如:横眉/冷对/千夫指,俯首/甘为/孺子牛。

3.分隔组成一对的两项,表示"和"。

例如:羽毛球女双决赛中国组合杜婧/于洋两局完胜韩国名将李孝贞/李敬元。

4.分隔层级或类别。

例如:我国的行政区划分为:省(直辖市、自治区)/省辖市(地级市)/县(县级市、区、自治州)/乡(镇)/村(居委会)。

注意:分隔号又称正斜线号,须与反斜线号"\"相区别(后者主要是用于编写计算机程序的专门符号)。使用分隔号时,紧贴着分隔号的前后通常不用点号。

第三章

文　　字

第一节　汉字概述

一、汉字的产生及演变

语言是人类特有的一种符号系统,是人们交际的工具,也是信息传递的载体。语言离不开社会,社会也离不开语言。语言是第一性的。语言的直接物质表现是一种声音,作用于人的听觉器官;而文字则转变为视觉符号,突破了语言的时空限制,扩大了交际领域。文字是语言的书面表现形式,是记录传播语言的书写符号系统。文字是语言发展到一定阶段的产物,文字的产生是人类文明的标志之一。

汉字是记录汉语的书写符号体系。汉字,也称"方块字",是世界上最古老的文字之一。大约距今五六千年的时候,在我国就产生了文字,夏朝可认为是文字的草创阶段和初始阶段;殷周时期使用的甲骨文、金文,可认为是汉字的早期阶段;秦汉时期确定了以小篆为标准字体并开始盛行,同时隶书的开创与流行大体上也在这一阶段,可认为是汉字的转型阶段,也可认为是汉字的中期阶段;从东汉到民国,主要以楷书为代表并辅之以行书的文字系统稳定运行,这个时期可认为是汉字的稳定阶段,也可称之为汉字的后期阶段。新中国成立后,汉字进入到一个新的时代,一个以规范简化汉字为标志的新的历史阶段,即现代汉字时期。

(一)现行汉字的前身

1. 甲骨文

又称殷墟文字、卜辞、殷契、契文等。

形体特点:笔形是细瘦的线条,棱角分明,偏旁不固定,异体字较多。

2. 金文

又名钟鼎文(青铜器以钟和鼎最为常见),主要流行于西周。

形体特点:笔画丰满粗肥,外形比甲骨文方正、匀称,异体字也较多。

3. 篆书

又名籀文、石鼓文,是大篆、小篆的统称。广义的大篆指先秦所有的古文字,包括甲骨文、金文、籀文和春秋战国时代通行于六国的文字。狭义的大篆指春秋战国时代秦国的文字。小篆指秦始皇统一文字后的标准字体。

形体特点:字形更匀称、整齐,笔画圆转、简化。

4. 隶书

有秦隶、汉隶等。秦隶又叫古隶,是秦代运用的隶书,在汉字发展史上具有划时代的意义。汉隶又称今隶,是汉代通行的字体。汉隶最大特点是有撇捺。

5. 楷书

又叫真书、正书。兴于汉末,盛于魏晋南北朝。楷书字形方正,书写简便。

6. 草书、行书

章草在东汉章帝时盛行。今草产生于东汉末。狂草是在唐代产生的。

行书产生于东汉末,是介于草书和楷书之间的字体。现今大多数书写字体为行书,汉字的形体主要是朝着简单易写的方向发展。

早期甲骨文　晚期甲骨文　金文　小篆　隶书　楷书

(二)现行汉字的形体

1. 楷书和行书

国家正式发布的文件和一般的报刊、书籍都是用的楷书。楷书是国家通用的标准字体。行书是楷书的辅助性字体,日常书写中一般采用行书。

2. 印刷体和手写体

印刷体常用的有以下几种变体:宋体、仿宋体、楷体和黑体。手写体可以分成软笔字和硬笔字两类。

二、汉字的特点

世界上的文字基本上可以分为两大类:一类是表音文字,一类是表意文字。每一种语言都有一个由若干音素、音节组成的语音系统和由语素、词构成的词汇系统,四者都可以用符号记录它。记录音素、音节的叫音素文字、音节文字,可合称为表音文字;记录语素、词的叫语素文字、表词文字,可合称为表意文字。

汉字是表意体系的文字,主要具有以下几个特点:

1. 汉字是记写音节的

汉语音节是最容易感知的语音单位,一般来说,一个音节对应一个汉字。其他类型的文字,多是一个文字符号标写一个音素。

2. 汉字是记写语素的

汉语语素是语言中最小的音义结合体。一般来说,一个汉字就是一个语素(儿化字例外)。汉语中的一个语素,声音上表现就是一个音节。

3. 汉字是方块字

汉字是在一个平面上构成的方块形体字,其内部结构可进行拆分。汉字是一字一格,基本上由左至右顺序排列。

4. 汉字是表意文字

表意文字是由形而知义。一般的象形字、指事字、会意字都可以看字形而知义,而形声字由声符和义符两部分组成,其义符是直接同字义相联系,声符部分虽是表音成分,但其读音也要由其原本表示何义来确定,就是说声符本身原来也是表意义的,并不是单纯的表音符号。

三、汉字的结构

汉字的结构可以从结构单位、书写顺序两个方面进行研究。

(一)结构单位

汉字的结构单位有两级:一是笔画,二是部件。

1. 笔画

笔画是构成汉字字形的最小连笔单位。从起笔到落笔所写的点和线叫一笔或一画。1988年国家语言文字工作委员会、中华人民共和国新闻出版署发布的《现代汉语通用字表》规定了5种基本笔画,即横、竖、撇、点、折。其中前4种是单一笔画,后1种是复合笔画。复合笔画是两种或两种以上笔画的连接。常见的复合笔画有横类、竖类、撇类、弯类等4类24种。

笔画的组合方式:

(1)相离:指笔画之间有空隙,有距离。

例如:三、川

(2)相接:指笔画之间有接触点,有连接点。

例如:上、下

(3)相交:指笔画之间有交叉。

例如:十、又

2. 部件

部件又称偏旁,是由笔画组成的具有组配汉字功能的构字单位,一个部件一般由两画或更多的笔画构成。一个合体字由两个或两个以上的部件构成。

(1)部件的分类。

A. 按照现在能否独立成字划分:

成字部件:山、石、木

非成字部件:氵、亻

B. 按照笔画的多少划分:

单笔部件:旦、丛、孔

多笔部件:思、海、打

C. 按照能否再切分成小的部件划分:

单一部件:刀、火

复合部件:碧

D. 按照部件切分先后层次划分:

一层部件、二层部件、三层部件……

(2)部首。

部首是字书中各部领头的部件或笔画,具有字形归类作用。汉字大概有200多个部首,作为部首的汉字部件,大都具有表示意类的作用。

例如:"山"部、"灬"部、"扌"部

(二)书写顺序

笔顺是写字时笔画的先后顺序。独体字和合体字都有书写顺序的问题。

汉字笔顺的基本规则:

先横后竖(十),先撇后捺(人),

从上到下(二),从左到右(川),

从外到内(同),从外到内后封口(国),

先中间后两边(小)。

四、汉字造字法

东汉许慎在《说文解字》里总结了前人的造字经验,提出了"六书"的说法。

所谓"六书"就是象形、指事、会意、形声、转注、假借。象形、指事、会意、形声是汉字的四种造字的方法,转注、假借是汉字的两种用字的方法。

(一) 象形

象形就是描摹事物形状的一种造字法。用这种造字法造出的字叫象形字。这里所说的象形是就古汉字来说的。象形这种造字方法最古老。例如：

日：像太阳的轮廓。

月：像一弯新月。

目：像眼睛的形状。

山：像峰峦层叠的山。

木：像有树根、树枝的树木。

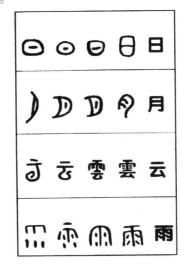

(二) 指事

指事一般是指在象形字的基础上加上指示性符号或用纯符号组合来创造新字的方法。用指事方法造的字就是指事字。指事字有以下两种情况：

1. 在象形字的基础上增加一个简单的符号，用来指示所要说明的事物。例如：

本：在木下面加一短横，指出这儿是树根。

寸：在手腕上加一短横，表示手下一寸的地方。

亦："亦"是"腋"的本字，"大"像正面的人形，加两点指示两腋的所在。

2. 用纯粹的符号来指明或象征某种事物、某种意义。例如：

"上"和"下"都是以一条长横线表示位置的界限，线上加一短横表示"上"，线下加一短横表示"下"。

"亦"是"腋"字的初文。在人的两腋加短划指示部位。
"曰"字在口上标出短横代表口中发出的言语声音。

（三）会意

会意是用两个或两个以上的偏旁组合起来另造新字,以表示一个意义的方法。用会意方法造的字,就是会意字。会意字是合体字,用两个或两个以上相同或不同偏旁组合起来的。

1. 同体会意字,这是用相同的偏旁组合成新字。例如：

从：两人前后相随,表示跟从。
比：两人后向并立,表示比较。
众：三人重叠,表示众多。
林：双木重叠,表示树林。

2. 异体会意字,这是用不同的偏旁组合成新字。例如：

休：人靠着树,表示休息。
采：上爪下树,表示手在树上采摘东西。
炙：把肉放在火上烤,引申为烤熟的肉食。
初：从刀从衣,本义是用刀裁衣为制衣之初,后泛指行动的开始。

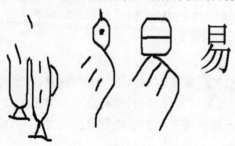

易,会意字。其甲骨文是一只杯子往另一只杯子里倒水,这就使两只杯子中装水的多少发生了变化,所以易的本义就是"变化"。其金文写作一只杯子的半边,有时也将这只杯子倒写——表示往下倒水。小篆仍是倒着的杯子之形。易字由"变化"之义引申出"交易、容易"等意思。

寒,会意字。细看其古文字:宀是房屋,房屋内有四个屮(草)字,草中有一人,人下是仌(冰)。将上述意思合起来,就是房屋内的一个人睡在草窝里,双脚冰冷,所以是"寒"。这是古代穷人生活的生动写照。到楷书时那四个草连接成艹。引申指贫穷。如杜甫的《茅屋为秋风所破歌》中"安得广厦千万间,大庇天下寒士俱欢颜"里的"寒士"就是指贫苦的读书人。形近字:寒、塞、赛等。

(四)形声

形声是一种半意半音的造字法。表示意义的部分叫形旁,其作用是指出字的意义类属;表示声音的部分叫声旁,其作用是标明字的读音。形旁和声旁组成的字就是形声字,常见的组合方式有以下几种:

1. 左形右声:如校、哼、蝗、城、爬、胸、河、犷。
2. 右形左声:如功、期、剃、顶、欣、鸠、领、切。
3. 上形下声:如草、笆、景、骂、宇、窥、崇、零。
4. 下形上声:如盒、盲、煎、恩、梨、毙、裂、堡。
5. 外形内声:如固、近、府、厦、衷、裹、阁、病。
6. 内形外声:如闻、闷、问、闽、辨、辩、辫、哀。

(五)转注和假借

所谓"转注",是指部首相同、读音相同或相近、意义上与共同点可以互相注释的一组字。如《说文解字》里"老"字的解释是"考也","考"字的解释是"老也",以"考"注"老",以"老"注"考",于是"老"和"考"就成了意义相同、形体相近而声音有了转变的一组字,所以叫"转注"。

所谓"假借",是指同音代替,即借用同音字表示意思,借用的字就叫假借字。许慎对"假借"的解释是:"假借者,本无其字,依声托事。"就是说语言中某些词有音无字,借用已有的同音字来表示。

第二节　汉字的标准化

现代化社会要求各项事物标准化,以提高使用效率,便于多方交流;信息化的发展推动图书情报、印刷排版、生产管理、办公事务等广泛使用计算机,逐步实现自动化和现代化。为此,人们要求现代汉语有一个数量限制,要求汉字字形稳定而明确,要求字音按照规范的普通话确定标准读音,要求汉字字序规范化,统一字典的查字法。就是说,要求在对现代汉字进行全面、系统、科学的整理的基础上做到四定——定量、定形、定音、定序,以提高用字的规范。

一、定量

定量主要是规定现代汉语用字的总量,包括常用汉字、通用汉字及各类专业用字的数量。确定了标准用字量,有利于人们的学习和运用。在教学方面,可以根据学习的不同阶段,规定识字教学的要求;在出版印刷方面,可以准备固定数量的字模,减少不必要的麻烦;在新闻通信方面,能加快传送消息的速度;在汉字信息处理方面,能减少工序。总之,确定了汉字用字的标准量,就可以极大地提高效率,减少人力、物力和时间的浪费。

1981年,国家标准局公布了《信息交换用汉字编码字符集基本集》,作为交换码供电脑中文信息使用,《辅助集》也已于1990年公布。1988年,国家有关部门制定并公布了《现代汉语常用字表》和《现代汉语通用字表》,从而确定了常用字量和通用字量。这一系列规范化基础工程的完成,是定量工作所取得的具体成果。

汉字定量研究中还有一些未完全解决的问题,主要是指姓名用字、地名用字、方言字、科技专用字、翻译用字中的生僻字和新造字。按照汉字定量的要求,姓名用字、地名用字、方言字、科技专用字、译音用字都有必要制定字表,加以适当的限制。

二、定形

定形是为所有现行汉字确定标准字形。无论印刷体、手写体都要有明确的字形标准。

我国在汉字定形方面做了不少工作,取得了很大的成绩。1955年1月,文化部和文字改革委员会公布了《第一批异体字整理表》,废除了1 055个异体字;1956年,国务院公布了《汉字简化方案》;1964年,文字改革委员会编辑出版了《简化字总表》,收入2 236个简体字(1986年重新发表时又略有调整)。这样,消除了汉字长期以来繁简并存、多体并存的混乱情况,统一了汉字的形体,初步建立起汉字字形的规范。

1965年1月,文化部和文字改革委员会公布了《印刷通用汉字字形表》,作为一般书刊等出版物汉字印刷体字形的标准。《字形表》规定了6 196个汉字的标准印刷字体,对汉字的笔画数目、笔画形状、笔画顺序、结构方式都做了说明,建立了印刷用汉字字形的规范,使印刷体与手写体基本达到一致。现在一般书、刊、报中所使用的字体,依据的就是这个字形表。

1988年3月,国家语委和新闻出版署联合公布了《现代汉语通用字表》,字表收字7 000个,不但规定了现代通用字数量,而且规定了每个汉字的规范字形,包括笔画数和笔形,所以是一个规范字形的字表。

目前,汉字定形需进一步整理异体字。异体词的整理也亟待进行。如"笔画—笔划""繁琐—烦琐"之类同音、同义而异形的词语。另外,汉字笔画的种类、名称和具体写法,汉字部件的数量、名称和具体写法,也需要进行研究,定出具体的规范。

三、定音

定音就是为所有现行汉字规定标准读音。要对异读字、多音字等加以审定,消除异读和不必要的多音现象,要做到每个现行汉字都有明确规定的普通话读音。

现代汉语用字的读音,过去有许多不确定的情况,如"波"念 bō,也可念 pō;"械"念 xiè,也可念 jiè;"庇"念 bì,又念 pì 等形成了异读。这种一字多音的现象往往造成使用上的不便,因此必须进行整理。1956年,中国科学院语言研究所成立了普通话审音委员会,对1 800多条异读词和190多个地名的读音进行了审议,并在1957—1962年期间分三次发表了《普通话异读词审音表初稿》,1963年出版了《普通话异读词三次审音总表初稿》。根据使用情况及语言的发展,普通话审音委员会采取约定俗成、承认现实的态度,于1982年开始对《初稿》进行多次修改。1985年,国家语委、国家教委、广播电视部审核通过了修订稿,正式公布了《普通话异读词审音表》,使现代汉语异读词的读音有了规范化的标准。例如"呆"统读"dāi","绕"统读"rào",其余的读音废除。2016年5月发布了《普通话异读词审音表》的修订版。

现行汉字的定音工作还应该继续进行,人名、地名的异读,应进一步审定。轻声词、儿化词在书面上表示不出来,口语里有一定的随意性,应该编写相应的词表。另外,一些多音多义字的读音也应该审定,而且要把定音和定量、定形结合起来考虑,采取最佳方法进行审定。

四、定序

定序是确定现行汉字的排列顺序。

汉字的排列问题,涉及面相当广,如字典、词典的编纂,目录、索引的编制,图书、档案资料的检索,都需要有统一的排检方法,才能便于人们掌握运用。因此,确定汉字排列顺序的标准,意义十分重大。现有的各种检字方法,都需进一步标准化。比如部首法,在现行的各种字典、词典中运用标准不一,部首的数量不统一,字的归部原则不统一,有些字取部规律不明确,这些都影响到汉字的查检。1983年,国家编制了《汉字统一部首表(草案)》。在这个基础上,教育部、国家语委组织制定了《汉字部首表》,于2009年5月1日开始实施。《汉字部首表》充分考虑了辞书编纂的现状和需求,在主部首和附形部首的确立、部首排序、部首表的使用规则等方面做了适当的调整和补充,使部首表更具科学性和实用性。

第三节　汉字的规范化

现代汉字规范化问题既有字形方面的,又有字音方面的,还有字序方面的,这里着重从字形方面提出一些规范化的基本要求。

字形规范化的基本要求是:写规范字。现代汉字的规范字包括经过整理简化的字和未整理简化的字两部分。经过整理简化的字是指经有关部门研究整理,由政府主管部门以字表等形式正式公布的字。这部分字在规范汉字中只占少数,多数是历史上流传下来、沿用至今、未经整理简化或不需要整理简化的传承字。

一、笔画简化

简化字也叫简体字。一般把笔画繁的称为繁体字,笔画简的称为简体字。这里所说的"简体字"是特指由国家明文规定取代繁体字而推广使用的简化字。

（一）汉字简化方案

1956年1月,国务院通过并公布了《汉字简化方案》,这个方案中有223个简化字跟1935年当时教育部公布的《简体字表第一批》完全相同。1964年,有关部门根据推行的实际情况,并加上遵照国家规定用简化字和简化偏旁作为偏旁得出来的简化字,重新整理、编制了《简化字总表》,于1964年5月出版发行。为纠正社会用字混乱现象,便于群众使用规范的简化字,经国务院批准,国家语委于1986年10月重新发表了《简化字总表》(1986年新版),并对个别字和注解做了调整。

（二）汉字简化方法

简化字是群众在使用汉字的实践中创造的,事先没有统一的简化方法。不过,把简化字和繁体字进行对照,可以发现简化字字形和繁体字字形之间有下面几种差异:

1. 局部删除

有的删半边,如:務—务、號—号、廣—广、飛—飞;有的删大部分,如:豐—丰、蟲—虫、滅—灭、習—习;有的删小部分,如:婦—妇、標—标、墾—垦、隨—随;有的字局部删除之后,还有小的变形,如:麗—丽、處—处。

2. 偏旁更换

有的把不太合理的结构变得比较合理,如:態—态、竊—窃、證—证、膠—胶;有的把难写的声旁换成易写的声旁,如:艦—舰、癰—痈、犧—牺、曆—历;有的把难写、难称说的偏旁换成易写、易称说的偏旁,如:環—环、慶—庆、聯—联、對—对、難—难、鳳—凤、風—风、區—区。

3. 全部更换

例如：萬—万、竈—灶、叢—丛、釁—衅、驚—惊、衆—众、體—体、靈—灵

以上的分类是从繁、简字形的差别来看的。如果从别的角度，还可以提出另外一些简化方法。

（1）有些简化字是起用了古字的字形结构。

例如：萬—万、禮—礼

（2）有些字是利用同音而写法简单的字来代替，叫作同音替代。

例如："鬥争"的"鬥"用"升斗"的"斗"来替代
　　　"穀物"的"穀"用"山谷"的"谷"来替代

（3）还有些简化字是从原字的草书简化而来。

例如：樂—乐、爲—为、東—东、專—专

（三）简化字繁体字对应问题

《简化字总表》中的简化字与繁体字之间，大部分是一对一的关系。这部分简化字在简繁转换时一般不会产生什么问题。可是，还有少部分是一对几的关系。这部分字简繁转换时要特别注意它们的对应情况。

例如：复（複）、获（獲）、签（簽）、纤（纖）、苏（蘇）、坛（壇）、
　　　团（團）、须（鬚）、脏（髒）、钟（鐘）、当（當）、发（發）、
　　　汇（彙）、尽（盡）、历（曆）、卤（鹵）、恶（惡）、摆（擺）

简化字中还有一部分采用同音（近音）替代法而简化的。这部分字单从字形来看，既是一个非简化字，又是某个繁体的简化字。

例如：卜（蔔）、厂（廠）、冲（沖）、丑（醜）、担（擔）、
　　　淀（澱）、斗（鬥）、丰（豐）、谷（穀）、广（廣）、
　　　柜（櫃）、后（後）、划（劃）、伙（夥）、几（幾）

二、字形整理

中华人民共和国建立之初，印刷通用汉字字形混乱，除了繁体、简体的问题外，还存在字形的小差异。有些字在汉字出版物中结构和轮廓相同，笔画数目和笔形却有少量差异。1965年1月，文化部和中国文字改革委员会联合发布了《印刷通用汉字字形表》，为6 196个通用汉字规定了通用字体的规范字形。这个规定涉及笔画的数目、笔画的形状、笔画的顺序和字的结构模式等。此后，人们就把《印刷通用汉字字形表》规定的字形称为新字形，把过去的字形称为旧字形。

对旧字形的整理主要考虑从简从俗，让印刷体尽量与手写体一致，笔画和笔势尽量便于横写等，具体表现在两个方面：

1. 部件的调整

(1)合并部件。如把"月"(月亮的"月")、"月"("肉"字的变形)等部件合并为"月"。

(2)更换部件。如:争(爭)、摇(搖)、温(溫)、奂(奐)。

2. 笔画的调整

(1)笔画直化。如:丰(丰)。

(2)笔画省减。如:吕(呂)、奥(奧)。

(3)笔画连接。如:差(差)。

(4)笔画延伸。如:角(角)。

(5)改变笔形。如:户(戶)。

第四节　出版物数字用法规定

在各级新闻报刊、普及性读物和专业性社会人文科学出版物中,除了需要注意汉字的书写规范之外,还会涉及数字(表示时间、长度、质量、面积、容积等量值和数字代码)时使用汉字和阿拉伯数字的体例问题。

一、时间使用原则

(一)要求使用阿拉伯数字的情况

1. 公历世纪、年代、年、月、日。

例如:20世纪80年代　公元前440年　2018年10月1日

错误或不当用法:98年　1980年代　19世纪四、五十年代

2. 时、分、秒。

例如:14时12分36秒　04:00(4时)

3. 表示数字范围用"～"线,还要避免引起歧义。

例如:45%～80%　20万～30万　4～6年

错误或不当用法:45～80%　20～30万　4—6年

4. "百""千"不能作为单位跟在数字后面,"万""亿"则可以。

例如:"53,800万"或"5.38亿"

错误或不当用法:5亿3千8百万

（二）要求使用汉字的情况

1. 我国干支纪年和夏历月日。

例如：丙寅年十月十五日　腊月二十三

2. 我国清代和清代以前的历史纪年、各民族的非公历纪年，这类纪年不应与公历月日混用，并应采用阿拉伯数字括注公历。

例如：秦文公四十四年（公元前722年）

3. 含有月日简称表示事件、节日和其他意义的词组，如果涉及一月、十一月、十二月，应用间隔号"·"将表示月和日的数字隔开，并外加引号，避免歧义。涉及其他月份时，不用间隔号，是否使用引号，视事件的知名度而定。

例如："一·二八"事变（1月28日）　五四运动　五一国际劳动节

二、物理量使用原则

物理量量值必须用阿拉伯数字，并正确使用法定计量单位。小学和初中教科书、非专业科技书刊的计量单位可使用中文符号。

例如：8 736.80km（8 736.80千米）　600g（600克）　100kg～150kg

三、非物理量使用原则

（一）一般情况下使用阿拉伯数字

例如：截至1984年9月，我国高等学校有新闻系6个，新闻专业7个，新闻班1个，新闻教育专职教员274人，在校学生1 561人。

（二）尾数有多个"0"的整数数值的写法

非科技出版物中的数值一般可以"万""亿"作单位。

例如：三亿四千五百万可写成345,000,000，也可写成34,500万或3.45亿，但一般不写作3亿4千5百万。

（三）概数和约数的写法

1. 相邻的两个数字并列连用表示概数，必须使用汉字，连用的两个数字之间不得用顿号"、"隔开。

例如：二十七八　有三四十个

2. 带有"几"字的数字表示约数，必须使用汉字。

例如：几千年　几十万分之一

3.用"多""余""左右""上下""约"等表示的约数一般用汉字。如果文中出现一组具有统计和比较意义的数字,其中既有精确数字,也有用"多""余"等表示的约数,为保持局部体例上的一致,其约数也可以使用阿拉伯数字。

例如:该省从机动财力中抽出 1900 万元,调拨钢材 3000 多吨、水泥 2 万多吨、柴油 1400 吨,用于农田水利建设。

(四)代号、代码和序号

部队番号、文件编号、证件号码和其他序号,用阿拉伯数字。序数词即使是多位数也不能分节。

例如:64062 部队　国家标准 GB2312—80　HP-300 型电子计算机　维生素 B12

四、书名和文章标题使用原则

(一)文学作品、重排古籍和书名都应使用汉字

例如:《一千零一夜》《十四行诗》《十日谈》

(二)文章标题数字的写法没有硬性规定,可以使用汉字,也可以使用阿拉伯数字

例如:《福布斯发布 2018 年中国企业五百强名单》
　　　《福布斯发布 2018 年中国企业 500 强名单》

第四章

词　　汇

第一节　词汇概述

词汇,又叫语汇,是词和固定短语的总和,即语言符号的聚合体。语言符号包括语素、词和固定短语。词汇所指范围有大有小,最大范围是指一种语言系统中的全部词语,如汉语词汇、英语词汇等;词汇也可指一种语言或方言中某个历史时期的词语的聚合体,如现代汉语词汇、中古英语词汇、北京话词汇等;词汇有时还指某个作家、某部作品、某个学科或某种性质的词语的聚合体,如鲁迅的词汇、《红楼梦》的词汇、计算机词汇、常用词汇等。词汇是个集合概念,不能指个别词语。

一、基本单位

1. 语素

语素是语言中最小的音义结合体。现代汉语的语素绝大部分是单音节的,如:人、马、我、三、吃、大、的、很、啊;也有两个音节的,如:马虎、蜻蜓、玻璃;还有三个或三个以上音节的,如:巧克力、哈尔滨、奥林匹克。

语素可以根据其构词能力分为两种:能够独立成词的成词语素和不能够单独成词的不成词语素。成词语素的特点是位置不固定,可以在前、后、中的位置出现,如:地、牛、火、水;不成词语素的特点是与其他语素组成词,如:苹、蜻、蜓、琵、琶、老、阿、第。

2. 词

词是语言中最小的能够独立运用的有音有义的语言单位,如:他、来、送、信。

"独立运用"是指能够单说(单独成句)或单用(单独做句法成分或单独起语法作用);"最小"是说词是不能扩展的,内部一般不能再加进别的造句成分,即使两个成词语素组成的词也不能分开。

3. 短语

短语是词和词的语法组合。短语是由词逐层组成的,没有语调的语言单位,如:红旗飘扬、打扫教室、狼吞虎咽。

固定短语是词和词的固定组合,一般不能任意增减、改换其中词语。与之相对的叫自由短语,自由短语是词和词按表达的需要的临时组合。

4. 句子

句子是由若干个词或词组按照一定的规则组合成的,能表达相对完整的意义,前后有较大停顿并带有一定的语调的语言单位。

二、词义的性质及构成

(一)词义的性质

1. 概括性

一般的词指的都是整类事物或现象,词义为了准确地反映这个词所表示的对象的范围,便需舍弃具体的个体的特征,概括出其共同的、本质的特征。任何一个词的意义都具有概括性,即使专有名词也不例外。

例如:"笔"这个词指的是各种各样的笔,毛笔、圆珠笔、钢笔、铅笔等形状不一,颜色各异,从这些笔中概况出来的共同的特征就是"写字画图时用来书写的工具"。

2. 模糊性

词义的模糊性指的是词义的界限有不确定性,来源于词所指的事物边界不清。词义的模糊性是客观事物连续性的反映。事物的核心部分一般来说是比较明确的,但它与邻近事物的差异是逐步扩大的,其间本不存在明确的界限。

例如:"早上""上午""下午"就不确定几点到几点。"赤橙黄绿青蓝紫"这些颜色之间的界限也是不清楚的。

3. 民族性

同类事物不同的语言用什么词、用几个词来表示可以不同,词义概括的对象范围也可以不同,它体现了词义的民族性。词义不仅在理性意义上有民族性,在附加色彩上也可以显示出民族性。

例如:汉语中用"哥哥、姐姐、弟弟、妹妹"表示同一父母所生的子女,而英语中用"brother/sister"表示。

(二)词义的构成

1. 构词类型

词都是由一个或几个语素构成的,构词语素分为两种:一种叫词根,指的是意义实在、在合成词内位置不固定的不成词语素和成词语素;另一种叫词缀,指的是意义不实在、在合成词内位置固定在前或在后的不成词语素。

(1)单纯词。

由一个语素构成的词叫单纯词。单音节的如"天、海",多音节的有以下几种分类:

A.联绵词:指两个音节连缀成义而不能拆开的词。

例如:参差、仿佛、彷徨、哆嗦、蝴蝶、芙蓉

B.叠音词:由两个相同的音节相叠构成。

例如:猩猩、潺潺、瑟瑟、皑皑

C.音译的外来词。

例如:葡萄、咖啡、巧克力、沙发

(2)合成词。

合成词有复合式、附加式、重叠式三种构词方式:

A.复合式:至少要由两个不相同的词根结合在一起构成。

例如:途径、价值、骨肉、领袖、国家、忘记(联合型)

　　　冰箱、新潮、小说、火红、笔直、雪亮(偏正型)

　　　提高、压缩、改进、车辆、马匹、人口(补充型)

　　　司机、美容、注意、失业、投资、管家(动宾型)

　　　地震、霜降、气喘、年轻、自学、耳鸣(主谓型)

B.重叠式:由两个相同的词根相叠构成。

例如:姐姐、哥哥、仅仅、刚刚

C.附加式:由词根和词缀构成。

例如:老乡、小王、第十、阿毛(前加式)

　　　胖子、石头、弹性、作者(后加式)

2. 词义的构成

词义是由多种因素构成的。实词都有一种与概念相联系的核心意义,即理性义。此外还有附着在理性义上面的色彩义。

(1)理性义:词义中同表达概念有关的意义部分叫理性义,或叫概念义、主要意义。例如:花——可供观赏的种子植物的有性繁殖器官,有各种形状和颜色。

(2)色彩义:附着在词的理性义之上,表达人或语境所赋予的特定感受。

A. 感情色彩
例如：英雄、忠诚、慷慨、壮丽、漂亮（褒义词）
　　　巴结、虚伪、马虎、懒惰、推诿（贬义词）
　　　山脉、河流、结论、松树、手套（中性词）
B. 语体色彩
例如：凝聚、诚挚、祝愿、悼念、坚毅（书面语色彩）
　　　脑袋、聊天儿、纳闷儿、身子骨（口语色彩）
C. 形象色彩
例如：云海、美人鱼、攀枝花、绿洲、白桦、彩带

三、词汇的组成

（一）基本词汇与一般词汇

1. 基本词汇

词汇中最主要的部分是基本词汇。使用率高，生命力强，为全民所共同理解的词为基本词，是构成新词的基础。

例如：天、地、米、灯、心、头、爷爷、奶奶、走、想、我、这、十、就、很

基本词汇有下列特点：(1)稳固性，基本词汇在千百年中为不同的社会服务，并且服务得很好；(2)能产性，以基本词为语素可以创造很多的新词；(3)全民常用性。

2. 一般词汇

一般词汇包含古语词、方言词、外来词、行业语、隐语等。一般词汇数量上多于基本词汇，基本词汇使用频率高于一般词汇。

例如：革命家、电子琴、计算机、辅导、讲授

（二）古语词、方言词、外来词

1. 古语词

古语词包括文言词和历史词，它们来源于古代文言著作。文言词所表示的事物和现象还存在于本民族现实生活中，但由于为别的词所代替，一般口语中已不大使用，如：磅礴、若干、如此、其、余。历史词是指历史中出现或在神话传说中出现的词语，它们在一般交际中不使用，在叙述历史事物或现象时才使用，如：王妃、老臣、太监、弓弩、殿下、酋长、公爵。

2. 方言词

方言词是普通话从各方言中吸取来的词，这些方言词都表达了某种特殊的意义，普通话里没有相当的词来表示，所以被吸收进来，如：把戏、瘪三、二流子、搞、垮、别扭、蹩脚、陌生。有些词是表示方言地区的特有事物的，如：橄榄、椰子、青稞、槟榔。这类词不宜看作方言词。

3. 外来词

外来词也叫借词,指的是从外族语言里借来的词。外来词是不同民族在交往过程中,把对方语言的词吸收到本族语言中的结果。

例如:马达、加仑、摩托、法兰西

外来词有以下几种类型:

(1)音译外来词。如:扑克、奥林匹克、巴士、迪斯科。
(2)半音译半意译或音意兼译。如:浪漫主义、冰激凌。
(3)音译前后加注汉语语素。如:卡车、芭蕾舞、啤酒。
(4)字母外来词。如:MTV、CD、XO。

(三)行业语、隐语

1. 行业语

行业语是各种行业应用的专有词语,也叫专有词语。许多行业的专业词语大量进入普通话,行业词语也是丰富普通话词汇的源泉之一。行业词语受社会专业范围的限制,但不受地域的限制。

例如:比重、水平、麻痹、感染、消化、战役、突击

2. 隐语

隐语是个别社会集团或秘密组织内部人懂得并使用的特殊用语。隐语一般是用赋予现有普通词语以特殊的含义的办法构成的,多数隐语涉及面窄,不成系统,有少数隐语失去了秘密性,而进入了全民共同语里。

例如:洗手、挂彩、清一色

四、熟语

熟语是人们常用的定型化了的固定短语,是一种特殊的词汇单位。熟语包括成语、谚语、惯用语和歇后语。

(一)成语

《辞海》中的定义:是习用的古语以及表示完整意思的定型词组或短句。《现代汉语词典》中的定义:人们长期以来习用的、简洁精辟的定型词组或短句。

例如:一衣带水、画蛇添足、破釜沉舟、四面楚歌

1. 成语的基本特征

(1)意义的整体性。

成语的意义往往并非其构成成分意义的简单相加,而是其构成成分的意义的基础上进一步概括出来的整体意义,也就是引申义或比喻义。

例如:"破釜沉舟"表面意思是"砸破饭锅沉下船",实际含义是"下定决心干到底"。"狐假虎威"表面意思是"狐狸假借老虎的威势",实际含义是"倚仗别人的权势去欺压人"。

(2)结构的凝固性。

成语的结构形式一般是定型的、凝固的。它的构成成分和结构形式都是固定的,一般不能任意变动词序或抽换、增减其中的成分。如"任重道远",不能变更为"道远任重、任重路远"或"任重又道远";"提纲挈领",也不能变更为"提领挈纲、提纲举领"或"提纲带领";等等。

2.成语的来源

(1)神话寓言。

例如:精卫填海(《山海经·北山经》)

　　　守株待兔(《韩非子·五蠹》)

　　　刻舟求剑(《吕氏春秋·察今》)

(2)历史故事。

例如:完璧归赵(《史记·廉颇蔺相如列传》)

　　　闻鸡起舞(《晋书·祖逖传》)

　　　四面楚歌(《史记·项羽本纪》)

(3)诗文语句。

例如:舍生取义(《孟子·告子上》)

　　　学而不厌(《论语·述而》)

　　　老骥伏枥(曹操《步出夏门行》)

(4)口头俗语。

例如:指手画脚

　　　狼子野心

(二)谚语

谚语是一种广泛流传于民间群众口语中通俗精炼、含义深刻的固定语句,讲究对仗和谐音,特点为寓意深刻、警策动人、短小凝练、易记易传。

例如:不当家不知柴米贵,不生子不知父母恩。

　　　耳听为虚,眼见为实。

　　　人行千里路,胜读十年书。

(三)惯用语

惯用语是指口语中短小定型的习用的短语,大多是三字的动宾短语,也有其他格式的。

例如:耍花招

　　　吹牛皮

开绿灯

   下马威

   敲边鼓

惯用语与成语有一定的相似性,但是,惯用语口语色彩浓,成语书面色彩浓;惯用语含义单纯,成语含义丰富。动宾结构的惯用语,其间可以依据表达的需要插入定语和补语。

   例如:碰钉子——碰了个大钉子

      打交道——打了几次交道

有的惯用语更像一个词,不能改变它的构成成分,也不能加进别的成分。

   例如:巴不得

      不管三七二十一

(四)歇后语

歇后语是由近似于谜面、谜底的两部分组成的带有隐语性质的口头固定短语。前一部分是比喻或说出一个事物,像谜语里的"谜面";后一部分像"谜底",是真意所在。

歇后语可分为两类:一是喻意,一是谐音。

喻意歇后语,它的前部分是一个比喻,后部分是对前部分的解释。有的解释部分的意义是它的字面上的意义,有的是它的转义。

   例如:洗脸盆里扎猛子——不知深浅

      快刀切豆腐——两面光(两面讨好)

谐音歇后语,它的后一部分是借助音同或音近现象表达意思,这是一种"言在此而意在彼"、妙语双关的现象。

   例如:旗杆顶上绑鸡毛——好大的撢(胆)子

      孔夫子搬家——尽是书(输)

第二节　现代汉语词汇的规范化

一、现代汉语词汇的发展变化

随着社会的不断发展与进步、人们实践领域的不断发展,词汇也在不断发展变化,主要表现在新词不断地产生,旧词逐渐地消亡,同时,词的语义内容和语音形式也不断地发生变化。

(一)新词的产生

新中国成立以来,社会各方面飞速发展,特别是改革开放以来,出现大量新事物、新现象,于是需要新词来给人们新发现、新创造的事物和现象命名,这是新词得以产生的社会原因;而词由单音节向双音节化发展的趋势使原有的单音节词和多音节词为双音节词所取代,这是部分新词得以产生的语言自身的原因。

近年来产生的新词的主要特点:

1. 语音上双音节占优势

新词绝大多数是双音节,占新词总量的70%,也有不少的三音节词。

例如:上网、选美、机器人、侃大山

2. 新词大多是复合式

主要为偏正型、联合型和动宾型。

例如:股民、化疗、评估、开放、脱贫、抢手

3. 附加式的新词产生了一批新的词缀

例如:化:标准化、法制化、净化、淡化

热:出国热、汉语热

族:上班族、工薪族

(二)旧词的消亡

随着社会的发展变化,一些旧事物、旧观念的词语在语言中逐渐消失。旧词是一个相对的概念,由于社会原因产生的一些新词也会变成旧词,逐渐从日常交际生活中消失。

例如:丫鬟、童养媳

(三)词义的演变

词义演变的途径有以下三种:

1. 词义的扩大

"叔叔"原来是父亲辈分相同而年纪较小的男子,现"叔叔"可以作为"父辈男子的尊称"。"老师"原指学校的教师,现在可以指各行各业有威望的人,甚至只要比说话人年长或者资历长的都可以称为老师。

2. 词义的缩小

"勾当"原有"办事"和"事情"两种意思,现在只剩下"事情"的意思,而且仅指坏事。

"研究生"是 post-graduate 的意思,包括硕士研究生和博士研究生,可是在很多人看来,研究生只指硕士研究生,另外用"博士生"指博士研究生。

3. 词义的转移

"爱人"原义指恋爱中的女性一方,现转移指夫妻的一方。

二、现代汉语词汇规范的原则及依据

(一)现代汉语词汇规范的原则

首先要确定规范原则,即约定俗成、逐渐规范。语言既有其系统性,又有其社会性,语言规范离不开语言的这两种属性。而以"约定俗成、逐渐规范"为原则的现代汉语词汇规范,正是符合语言的这两种特点。也就是说,现代汉语词汇规范既离不开现代汉语词汇系统的状况,又不能脱离语言应用的实际。为了更好地、有效地遵循"约定俗成"的原则,应当确立求实、辨证两个观点,即"宽容对待的心态"和"重视动态的认识"。

(二)现代汉语词汇规范的依据

1. 编制《现代汉语规范词表》

这种词表的编制是为了词汇规范,它应以大量题材多样的语料做基础,按词的使用频率进行统计分析。这个规范词表应是通用的,可以分为最常用、次常用和一般通用几个等级。另外,还应该有各行各业使用的各种专用规范词表,可以同规范词表配套。当然,这种规范词表不能一成不变,随着社会、事物、观念的发展变化,每隔一段时间词表要补充、修订一次,以作为新阶段的现代汉语词汇规范依据之一。

2. 具有规范性、权威性的语文词典所收的词

几十年来,海内外出版了许多中文词典,但够得上规范性、权威性的语文词典却极少。当前社会上和学术界所公认的是《现代汉语词典》。另外,《现代汉语规范词典(第3版)》已于2014年出版,收词7万多条,每个词都标注词性。这两部词典是现代汉语词汇规范的依据之一。

3. 语言规范的现当代重要著作中使用的一般词语

首先一般来说,五四运动以来用白话文写作的、语言比较规范的、影响比较大的著作,都是现当代的重要著作。其中以文学作品为主,也包括优秀的翻译作品和内容宽泛的政论等著作。如:鲁迅的《呐喊》《彷徨》《朝花夕拾》等;郭沫若的《屈原》《蔡文姬》《武则天》等;茅盾的《子夜》《腐蚀》《林家铺子》等;老舍的《骆驼祥子》《四世同堂》《茶馆》等;巴金的《激流三部曲》《爱情三部曲》等;曹禺的《雷雨》《日出》《北京人》等;钱锺书的《围城》。还有毛泽东、周恩来、邓小平等政治家的时事政论著作。

其次是什么样的语言是比较规范的语言。语言"完全规范"或"绝对规范"的著作恐怕很难看到。可以这么说,凡作品使用的语言总体上符合社会普遍使用的语言的习惯,用词鲜明准确,句子通顺,没有滥用方言词语、文言词语和外来词语,没有生造、晦涩的词语,这样的语言都是比较规范的语言。

4. 全国性重要传媒使用的一般词语

这里包括全国性的重要报纸、杂志所用的一般词语，还包括中央人民广播电台、中央电视台用普通话播音的节目所用的一般词语。这里所说的"一般词语"，一是指社会上普遍使用的词语，二是指非专用词语，三是指非生造、非生僻的词语。重要传媒使用的词语，也有不规范或不够规范的，但毕竟是少数，不会影响它们在总体上作为现代汉语词汇规范的重要依据。

5. 北方话地区普遍使用的一般词语

这里所说的"一般词语"，主要指非专用、非生僻的词语。北方话是普通话的基础方言，北方话普遍使用的一般词语，尤其是基本词汇，应当而且可以作为现代汉语词汇规范的依据。北方话词汇同普通话词汇的差异一般在5%~10%，从基本词汇看，其差异就更小了。

从总体上说，上述五条依据对书面语词汇和口语词汇的规范都适用，但在具体操作时，当视情况而有所侧重。前三条较适用于书面语词汇，第四条适用于口语词汇、书面语词汇，第五条则更适用于口语词汇。

三、现代汉语词汇规范的具体问题

（一）新词语的规范

现代汉语产生了大量新词语，每年以成千上万条快速递增。这些新出现的词语大多属于非基本词汇，它们的寿命如何，一时很难判断。对待新词语总体上应持谨慎的态度，多进行观察、研究，必要时加以说明、引导，适当进行干预和规范。

例如：为人狡奸（贾平凹《浮躁》）

作者可能想说"为人狡猾、奸诈"，表示这个意思的已有"狡诈"这个词，而将"狡"与"奸"凑合在一起，反而成了令人费解的生造词。

（二）缩略语的规范

为了使语言简洁好用，这种缩略语越来越多，占现代汉语词汇相当大的比重。在现代汉语词汇规范中，对缩略语的规范要给予充分的重视。对待缩略语，应该持谨慎、宽容的态度，不宜简单判断它不合乎规范。当然现在的缩略语太多，似乎有些过滥，而且还在大量产生。对那些不合规范的缩略语，进行一定的规范是必要的。

（三）外来词语的规范

这些外来语进入从形式上打破了汉语以往吸收外来词以意译为主、兼有部分音译或半音译半意译的传统方式，出现了复杂多样的形式，大体有四种情况：一是音译，用发音近似的汉字翻译过来，如沙发（sofa）、苏打（soda）等；二是音译加类名，如芭蕾舞（ballet）、吉普车（jeep）等；三是音译加意译，如马克思主义（Marxism）、香槟（Champagne）等；四是仿译，也叫借译,如篮球(basketball)、蜜月(honeymoon)等。

第三节　新闻媒体语言的规范

媒体是交流和传播信息的工具。无论是传统媒体,还是新媒体,都离不开语言。语言关系到媒体内容的传播效果,是构成社会文化环境的重要元素。

随着时代的发展、科技的进步,当今媒体已从报刊、广播发展到了电视、网络等,媒体语言越来越丰富多样,其对社会语言生活的影响也越来越大。

我国著名语言学家、教育家许嘉璐指出:"媒体语言(包括文字),尤其是广播电视语言,太重要了——它对社会语言和民族文化的走向有着任何其他载体不能比拟的影响力。"因此,加强对媒体语言的研究,提高对媒体语言的正确认识,具有重要的现实意义。

中国语文现代化学会常务副会长姚喜双指出:"从广播电视语言在社会生活中的地位来看,其在社会生活语言的规范化中起着重要的示范作用。广播电视语言面向大众,并引导大众的语言生活,从某种意义上来说,它是大众的语言老师,它直接而迅速地影响着人们在生活中使用什么样的语言。"正是由于媒体语言传播速度快、范围广,其规范性才更加重要。事实上,媒体语言的不规范现象还很多。一些电视、广播及网络中,经常出现错别字现象;个别播音员和主持人普通话不够标准;还有网络用语,更是五花八门。因此,媒体语言的规范问题是当前媒体语言研究乃至应用语言学研究的主要问题,而且是急需解决的大问题。

一、错用词语

错用词语的现象极为常见,主要原因是不明了词义或误解词义。在《中国人最容易犯错的 2000 个语言错误》(翟文明编著)一书中,收录了一些错用词语的情况,下面选取 10 个较为常见的错用词语做简要介绍:

1. 空穴来风

"空穴来风"是成语,语出宋玉《风赋》:"枳句来巢,空穴来风。"枳句,枳树上弯曲的枝杈。枳句会招来鸟儿做巢。空穴,孔洞。空穴会引来风袭。这句成语用自然现象比喻事物的因果关系,说明一个简单道理:由于自身存在弱点,病菌、流言才得以乘隙而入。白居易在《初病风》中说得更明白:"朽株难免蠹,空穴易来风。"但是,一些人引用这句成语时,却反其义比喻"没有根据的谣言"。

2. 亲眼目睹

"目睹"一词的意思是"亲眼看到"。但是在社会语言文字应用中,经常可以看到在"目睹"之前加上"亲眼"二字。"亲眼目睹"相当于"亲眼亲眼看到",显然这个词语中的"亲眼"多余了。如果要加强语义,不妨将"亲眼目睹"改为"亲眼看到"或"亲眼见到"。

3. 凯旋而归

凯,胜利的乐曲;旋,归来。凯旋,奏着胜利的乐曲归来。宋之问《军中人日登高赠房明府》:"闻道凯旋乘骑入,看君走马见芳菲。"所以这里的"而归"多余了。

4. 炙手可热

某报标题:《国际足联主席一职炙手可热,继任人之间再掀波澜》

某报标题:《清华学子　炙手可热》

"炙手可热"这个成语在媒体和出版物中使用频率很高,但十有八九用错,把贬义词误作褒义词,把"炙手可热"比喻行时、走红、抢手,完全误解了"炙手可热"的含义。

炙,会意字,上肉下火,含义就是"火上烤肉"。炙手,灼手。"炙手可热"语出杜甫《丽人行》:"炙手可热势绝伦,慎莫近前丞相嗔!"《丽人行》是描写杨国忠兄妹出行的。《旧唐书·杨贵妃传》:"玄宗每年十月,幸华清宫,国忠姊妹五家扈从。每家为一队,着一色衣;五家合队,照映如百花之焕发。""先时丞相未至,观者犹得近前,乃其既至,则呵禁赫然。"杨家气势之盛由此可见一斑。所以,杜甫在诗中用"炙手可热"形容杨国忠权大势盛,告诫人们远离杨国忠。可见"炙手可热"是贬义词,跟行时、走红、抢手不相干。唐代另一位诗人崔颢指出:"莫言炙手手可热,须臾火尽灰亦灭。"劝诫有权有势者不要倚仗权势,因为权势是暂时的。

5. 灯火阑珊

例如:晚风徐徐,城市的阑珊灯火尽收眼底。

"阑珊"本义"衰落"。白居易《咏怀》:"白发满头归得也,诗情酒兴渐阑珊。"引申为"暗淡"。灯火阑珊即灯光暗淡。城市入夜的万家灯火,璀璨亮丽,不能用"阑珊"来形容。

6. 曾几何时

例如:曾几何时,人们把贝壳当作货币。

"曾几何时"指时间过去没多久。而"人们把贝壳当作货币"始于3000多年前的商代。不是"曾几何时",而是"过去了几千年"。

7. 叹为观止

例如:这个地方交通混乱叹为观止。

"叹为观止"语出《左传》,吴公子季札在鲁国欣赏音乐舞蹈,看到"韶箾"(箾,即箫,韶箾,虞舜时代箫乐)时,不禁赞叹说:"观止矣。若有他乐,吾不敢请已。""观止"的意思是"好到了极点",是褒义词。

8. 莘莘学子

例如:这位莘莘学子终于走进清华大学。

莘莘学子们从公举东身上,再次领悟到了人生的真谛和价值。

"莘莘"表示众多。"这位"与"莘莘"是矛盾的。"莘莘学子们"中的"莘莘"与"们"是同义词。

9. 首当其冲

例如：在扑灭森林大火战斗中，解放军战士又一次首当其冲。

农民赖泽民首当其冲，办了全省第一家私营缫丝厂。

冲：冲要。首当其冲：处在冲要位置，首先受到攻击或遭遇灾难。《汉书·五行志上》："郑以小国摄乎晋、楚之间，重以强吴，郑当其冲，不能修德，将斗三国，以自危亡。"不是"冲在前面"或"敢为人先"。

10. 豆蔻年华

例如：这些女同志当初在豆蔻年华就干起了列车押运。

"豆蔻年华"语出杜牧七言绝句《赠别》："娉娉袅袅十三余，豆蔻梢头二月初。"杜牧这首诗是赠给一位十三岁多一点儿的歌妓的，用"二月初"的豆蔻花形容她。豆蔻春末开花，"二月初"正含苞待放。"豆蔻年华"只能比喻十三四岁的少女，用来比喻成年女性显然不合适。

二、褒贬错位

汉语的词义除理性义外，还有附属的色彩义，其中感情色彩就是色彩义之一。有些词表明说话人对有关事物的赞许、褒扬或厌恶、贬斥的感情，前者称作"褒义词"，后者称作"贬义词"。褒贬错位，是由于用词错误，造成欲褒实贬或欲贬实褒、与说话人意愿相反的效果。

下面举几个褒贬错位的例子：

1. 某报提倡创新的文章的标题：《要当始作俑者》

欲褒实贬。"始作俑者"出自《孟子·梁惠王上》。孟子同梁惠王讨论王道，孟子说："庖有肥肉，厩有肥马，民有饥色，野有饿莩，此率兽而食人也。"孟子接着说："仲尼曰：'始作俑者，其无后乎。'为其象人而用之。如之何其使斯民饥而死也。"孟子的观点很鲜明：孔子当年反对用俑殉葬，只是因为俑像人，就恶其不仁，何况置民饥而死于不顾。后世把"始作俑者"用作成语，比喻某项坏事的开例者或恶劣风气的倡导人。不能用来比喻创新。

2. 某报用标题质问中国女足连连失败：《差强人意为哪般？》

欲贬实褒。"差强人意"出自《后汉书》。一次战事失利，诸将惶惶失态，只有大司马吴汉镇定自若，激励将士准备再战。刘秀见了，称赞大司马吴汉："吴公差强人意，隐若一敌国矣！"差强人意，原义"很能振奋人的意志"。后世用作成语，形容令人比较满意。差，比较；强，满意。理解为"很差劲"，是错误的。

3. 古往今来，诗人墨客对庐山瀑布的称颂之作连篇累牍。

欲褒实贬。"连篇"和"累牍"，同义反复，表示用过多篇幅叙述一件事。作为成语，形容冗长烦琐，华而不实，含有明显的贬义。用来形容"称颂之作"显然不合适。

三、成语错用

要判断成语使用正误，必须了解成语的特点。成语有两个特点：结构的定型性和意义的完整性。结构的定型性,是说成语的结构成分和构成方式比较固定,不可随意拆开或改动。意义的完整性,是说成语的意义不是其构成成分意义的简单相加,而是经过概括带有比喻和形容的性质,能表现十分丰富的内容,增强语言的表现力。使用错了,就会适得其反。

常见的成语使用错误,有如下三种情况:

1. 将成语的构成成分拆开

例如:将"求全责备"拆开改作"不因求全而责备"。

拆开后完全改变了"求全责备"的含义。责,小篆由朿和贝组合而成,会意为"求"。备,甲骨义是象形字,像一个盛矢的器具,含义就是"器具"。引申为具有、设备,又引申为"全"(齐备、完备)。小篆字体的"备"在左边加上"人",楷化后演变成"備",表示"慎"(防备,预备)。备是"備"的简化字,兼有"具"和"慎"以及它们的引申义。"责备"的原始含义就是"求全"。"求全责备"同义反复,含义是"苛求完美"。"责备"后来演变成"批评指摘",将"求全责备"拆成"不因求全而责备",意思就变成"不因为求全而批评指摘"。

2. 擅改成语的构成成分

例如:将"明日黄花"改作"昨日黄花"。

原因是不了解"明日"的特殊含义。"明日黄花"语出苏轼的一首诗:"相逢不用忙归去,明日黄花蝶也愁。""明日"指重阳过后,"黄花"即菊花。古代文人每逢重阳,必相邀赏菊,认为过了重阳再去赏菊,就失去情趣,所以说"明日黄花蝶也愁"。后世将"明日黄花"作为成语,比喻过时的事物,这个"明日"是有特殊含义的。

3. 望文生义错用成语

例如:(1)一部优秀的电视剧能收到万人空巷的效应。

把"万人空巷"误解为"人们都待在家里"。苏轼《八月十七日复登望海楼》:"赖有明朝看潮在,万人空巷斗新妆。""巷"有二义:里中道;住宅。"万人空巷"通常形容有了重大活动,人们都走出家门,家里没有人了。

(2)在七月流火的日子里,工人们踩着滚烫的土地。

把"七月流火"误解为盛夏烈日热浪。《诗·豳风》:"七月流火,九月授衣。"七月,先秦历法的七月;流,运行;火,大火星。七月流火,描写的是先秦七月的天象:到了七月,大火星便偏西向下运行。此时的华夏大地,已是夏末秋初,暑热尽退,秋凉已至,哪来的"滚烫的土地"。

(3)下面请大家欣赏美轮美奂的芭蕾舞。

"美轮美奂"出自《礼记·檀弓下》:"晋献文子成室,晋大夫发焉。张老曰:'美哉轮焉,美哉奂焉。'"心讥其奢华。"美轮美奂"有两个限制词:轮,奂。即轮美奂美,故又省作"轮奂美"。轮:古代圆形粮仓。奂:众多。众多粮仓矗立,高大宏丽,所以说"美轮美奂"。"美轮美奂"只能形容建筑物,不能形容其他事物。

四、合成词混淆错用

吕叔湘、朱德熙在《语法修辞讲话》中,针对音同义近的合成词特别指出:意义和用法完全相同的词是不大会有的。其间的区别往往很细微,但这正是我们的语言的丰富与精密的证明。那么,怎么找到它们之间的细微区别呢?辨析这些词义,要辨析合成词中相异的作为语素的字,通过字义的辨析,找到词义的区别。

例如:权利—权力

　　权力:力,力量。权力,政治上的强制力量。

　　权利:利,利益。权利,公民或法人依法行使的权力和享受的利益。

　　学历—学力

　　学历:历,经历。学历,学习经历。

　　学力:力,力量。学力,在学问上达到的程度。

第五章

语　　法

第一节　现代汉语语法概述

现代汉语语法中最大的特点是没有严格意义的形态变化。名词没有格的变化，也没有性和数的区别。动词不分人称，也没有时态。汉语语法的另外一个特点是省略。不影响大概意思的词往往省略掉。

一、词性分类

（一）实词：有实际意义的词

1. 名词
表示人或事物名称的词。
人物名词：学生、群众、妇女、同志、叔叔、酒鬼
事物名词：笔、蜗牛、猎豹、棒球、战斗机、思想、中学、物理、过程
时间名词：上午、过去、将来、午夜、三更、世纪
方位名词：东南、上面、前方、内部、中间

2. 动词
表示动作行为，发展变化，可能意愿及心理活动的词。
行为动词：跑、唱、喝、敲、吆喝、盯、踢、闻、听
发展动词：生长、枯萎、发芽、结果、产卵
心理动词：喜欢、恨、气愤、觉得、思考、厌恶
存现动词：消失、显现、有、丢失、幻灭
使令动词：使、让、令、禁止、勒令
能愿动词：会、愿意、可以、能够、宁可

趋向动词:来、去、上、下
判断动词:是、为、乃

3. 形容词
表示事物性质、状貌特征的词。
表示形状的:大、高、胖、瘦、细、壮
表示性质的:甜、好、香、漂亮、圆滑、机智
表示状态的:快、浓、满、多、迅速、悄悄

4. 数词
表示事物数目的词。
确数词:一、二、三、壹、贰、叁、二分之一
概数词:几、一些、左右、以下、余
序数词:第一、第二、老大、老三、初九、初十

5. 量词
表示事物或动作的单位。
名量词:尺、寸、里、公里、斤、两、辆、角
动量词:把、次、趟、下、回、声、脚、憧
时量词:天、年、秒、小时、分

6. 代词
能代替事物名称的词。
人称代词:我、你、它、她们、大家、咱们
疑问代词:谁、什么、怎么、哪里、为什么
指示代词:这、那、那里、那边、这边

(二)虚词:没有实在意义的词

1. 副词
起修饰或限制动词或形容词作用,表程度或范围的词。
程度副词:很、极、非常、太、过分
时间副词:已、刚、才、将、要
范围副词:都、全、总、只、仅
情态副词:正好、果然、刚好、依然、悄然
语气副词:不、没有、岂、难道、尤其、甚至、绝对
重复副词:又、再、还、仍

2. 介词
用在名词、代词或名词性词组前面,合起来表示方向、对象等的词。

例如:从、往、在、当、把、对、同、为、以、比、跟、被、由于、除了

3. 连词

连接词、短语或句子的词。

例如:和、同、跟、不但、并且、只要、而且、与其、尚且

4. 助词

附着在别的词后面、独立性差、无实义的一种特殊的虚词。

结构助词:的、地、得、所

时态助词:着、了、过

语气助词:呢、吧、吗、哟、呀

5. 叹词

表示感叹或者呼唤应答的词。

例如:啊、哎、哦、噢、哼、呸、呀

6. 拟声词

模拟事物的声音的词。

例如:哗哗、轰隆隆、淅淅沥沥、咚咚、噼里啪啦、哗啦啦、滴答、喔喔、汪汪

二、短语分类

短语又叫词组,是词和词按照一定的语法规则和语义关系组合起来的语言单位。词组是意义上和语法上能搭配而没有句调的一组词。短语可以从多种角度去分析,从而得出不同的短语类型,下面主要介绍短语的基本结构类型:

(一)主谓短语

由主语和谓语两个成分组成。前一词语是主语,表示陈述对象;后一词语是谓语,对前一词语进行陈述。

例如:身体健康

红旗飘扬

阳光明媚

明天星期五

(二)动宾短语

由动词和宾语两个成分组成。前一词语是述语,表示动作行为;后一词语是宾语,是前一动作行为支配关涉的对象。

例如:洗衣服

盖被子

收割庄稼

（三）偏正短语

由修饰语和中心语两部分组成。修饰语在前面，用于描写或限制后面的中心语，二者关系是修饰关系。

例如：我的故乡（定中短语）
　　　野生动物（定中短语）
　　　马上回来（状中短语）
　　　共同奋斗（状中短语）

（四）中补短语

有中心语和补语两个成分组成。中心语在前，表示动作行为或性质状态；补语在后，用于补充说明前一词语。

例如：搬出去
　　　跑得快
　　　走到天涯海角

（五）联合短语

由两个或两个以上成分组成，其间可有联合、递进、选择等关系。

例如：北京和上海
　　　伟大而质朴
　　　讨论并通过

（六）其他短语

1. 连谓短语

由两个或两个以上谓词性成分组成，这些前后相连的谓词性成分，或表示先后发生的连续的几个动作行为，或前后动作之间有方式、目的的关系，如果后一个成分是形容词，还可以表示原因和结果的关系。

例如：出去逛街
　　　上山采药
　　　去医院看病

2. 同位短语

多由两个部分组成，前后两部分的词语指同一人或事物，它们之间是同位复指关系。

例如：省会哈尔滨

国宝大熊猫

3. 兼语短语

　　由前一动词的宾语兼做后一动词或形容词的主语,即一个述宾结构套着一个主谓结构,述宾结构的宾语又是主谓结构的主语,形成一个宾语兼主语的兼语。

　　例如:派他去北京
　　　　　选你当代表

4. 量词短语

　　由数词或指示代词和量词组成。

　　例如:一个人
　　　　　这本书

5. 方位短语

　　由方位词直接附在名词性或动词性词语后面组成,表示处所、范围或时间。

　　例如:教室外
　　　　　桌子上
　　　　　毕业后
　　　　　上学前

三、句法成分

　　句子是由词或短语构成的语言单位,能表达一个相对完整的意思,能完成一次简单的交际任务,在语音上有一定的语调,表示陈述、疑问、祈使、感叹的语气,在书面上用句号、问号、感叹号表示出来。

(一)主语

　　主语是谓语陈述的对象,指明说的是"什么人"或"什么事物"。

　　例如:中国人民志气高。
　　　　　提高整个中华民族的科学文化水平是亿万人民群众的切身事业。

(二)谓语

　　谓语是陈述主语的,说明主语"是什么"或"怎么样"。

　　例如:鲁迅是中国现代文学的奠基人。
　　　　　明天星期日。

(三)宾语

　　宾语在动词后面,表示动作、行为涉及的人或事物,回答"谁"或"什么"一类问题。

例如:什么叫信息?
　　　知识就是力量。

(四)定语

定语是名词或代词前面的连带成分,用来修饰限制名词或代词,表示人或事物的性质、状态、数量、所属等。

例如:(三杯)(美)酒敬(亲)人。
　　　(中国的)历史有(自己的)特点。

(五)状语

状语是动词或形容词前面的连带成分,用来修饰、限制动词或形容词,表示动作的状态、方式、时间、处所或程度等。

例如:他[已经]走了。
　　　科学[终于以伟大的不可抑制的力量]战胜了神权。

(六)补语

补语是动词或形容词后面的连带成分,一般用来补充说明动作、行为的情况、结果、程度、趋向、时间、处所、数量、形状等。

例如:广大人民干得＜热火朝天＞。
　　　他写的字比原来不是好＜一点＞,而是好得＜多＞。

四、句子分类

(一)句类

句子可以根据不同的标准来分类。根据句子的语气划分,可以有以下几种:

1. 陈述句

陈述句是叙述或说明事实的具有陈述句调的句子。

例如:今天是星期一。
　　　我们过着幸福的生活。

2. 疑问句

疑问句是具有疑问语调、表示提问的句子。

例如:你明天来吗?（是非句）
　　　谁让你来的?（特指句）
　　　喝咖啡还是喝茶?（选择句）

这个孩子听不听话?(正反句)

3. 祈使句

祈使句是要求对方做或不要做某事的句子,一般表示命令、禁止、请求、劝阻的语气。

例如:快去吃饭!

带走!

别动!

4. 感叹句

感叹句是带有浓厚感情的句子,表示快乐、惊讶、悲哀、愤怒、厌恶等感情。

例如:多美啊!

我好不容易才找到你啊!

哈哈!真的太开心了!

(二)句型

句型是根据句子的结构特点划分出来的,可分为主谓句和非主谓句两大类。

1. 主谓句

由主语和谓语两个成分构成的单句。

例如:我前几天去了一趟上海。(动词谓语句)

明天大年三十儿。(名词谓语句)

我们老师很温柔。(形容词谓语句)

这件事大家都同意。(主谓谓语句)

2. 非主谓句

由主谓短语以外的词或短语加句调,需要一定的语境独立成句。

例如:禁止拨打电话!(动词性非主谓句)

太好了!(形容词性非主谓句)

妈!妈!(名词性非主谓句)

啊!嗯!(叹词句)

哗啦啦!(拟声词句)

第二节　语法规范化问题

语法规范化历来是汉语规范化的重要内容。语法是语言结构和使用的规则,如果违犯规则,可能会造成沟通和理解上的障碍。据统计,逻辑混乱、语言失范是当前新闻媒体和出版物语言文字错误的重要表现。语法错误则主要体现为词法错误和句法错误。

一、词法错误

(一)名词、动词、形容词使用不当

例如:(1)几天的采访,使我们见识了很多,也思考了很多。

这里是名词误用作动词。句中的"见识"是名词,不能做动词用。这个句子可以改为:"通过几天的采访,我们长了许多见识,也思考了很多问题。"

(2)他由于顶不住压迫而丧失原则。

这里是动词误用作名词。"压迫"是动词,不能当名词用,可以改用名词"压力"。

(3)她止不住鼻子一酸,伤心地哭了起来,泪水湿润了她的前襟。

这里是形容词误用作动词。句中的"湿润"意为"潮湿润泽",是形容词,不能当动词用,可以改为动词"浸湿"。

(二)数量表达混乱

数量关系是事物的基本关系,对情况和问题要有基本的数量分析。数量表达混乱最常见的情况是滥用倍数,定数与概数不明确。

例如:(1)恐龙蛋壳的微量元素镁含量比现代正常蛋壳低三十倍左右。

这里是误用倍数。倍指跟原数相等的数,因此倍数只能表示数量增加,数量减少可以用分数或百分比。

(2)该村去年人均收入 12 000 元,今年人均收入增至 36 000 元,增长了三倍。

计数倍数应减去原数。这个句子应改为"增长了两倍"。

(3)她花了整整一周左右时间,才审读完这部书稿。

"整整"是定数,"左右"是概数,两者混用,数量就不明确了。

(三)指代不明

代词主要用于指代,指代的对象一定要明确,否则就会给理解带来困难。

例如:(1)脸上有了痤疮,不要用手指剥、挖,这样容易引起继发感染形成疖肿。

从结构上看,"这样"指代的是"不要用手指剥、挖",使得句子表达的意思和作者想要表达的意思正好相反。应将"这样"改为"用手指剥、挖"。

(2)列宁和斯大林最初也认为社会主义是排斥商品经济的,但在他的晚年还是承认社会主义社会存在商品经济。

上句讲的是两个人(列宁和斯大林),下句却是一个人(他),上下句脱节了。问题出在"他"指代不明。下句的"他"指斯大林,全句说的是斯大林对商品经济认识的转变,"斯大林"是这个句子的主语。因此,将上句改为"斯大林和列宁一样,最初也认为社会主义是排斥商品

经济的",这样上下句就联系起来了。

(四)虚词使用不当

副词、介词、连词都是虚词,它们的共同点是不能单独充当句子成分,但都表示一定的语法意义,使用不当也会造成语法错误。

例如:(1)新班主任同以前的班主任一样,更会关心学生。

"更"是副词,表示程度增加,用于表达比较的意义。而句中两个班主任是"一样"的,没有比较的意思。所以不能用"更",可以改为"很"。

(2)对于文学作品应该如何反映现实这个问题上,我们曾经展开过一场争论。

介词"对于"使用不当。"对于"用于引进对象,"这个问题"本来可以做引进对象,但后面有个"上"字,引进的对象就没有了。可将"对于"改为"在",或者删去"上",让"对于"直接引进对象"这个问题"。

二、句法错误

(一)搭配不当

搭配不当是指句子中相关成分在意义上或语言习惯上不能一起使用,这种错误是最常见的语法错误,出现频率很高。搭配不当有多种情况,下面将主要的错误举例分析:

1. 主谓不搭配

例如:(1)元杂剧这种新形式在金代已经初步奠定。

句中的主语"形式"和谓语"奠定"不搭配。"奠定"的意思是稳固地建立。可以在"新形式"后加"的基础"或者将"奠定"改为"形成"。

(2)中学时代的那些同学的愉快的笑容和爽朗的歌声,至今还在我耳边回响。

句中的"笑容"和"歌声"是联合主语,谓语是"回响","歌声"可以"回响","笑容"却不能"回响"。可改为"爽朗的歌声至今还在耳边回响,灿烂的笑容经常在脑海里浮现"。

(3)它每年的发电量,除了供给杭州使用外,还向上海、南京等地输送。

居中的主语"发电量"和谓语"输送"搭配不当,因为"输送"的是"电",而不是"发电量",所以"的发电量"应改为"发的电"。

2. 动宾不搭配

例如:(1)他问清了原因,沉思了少许,慢慢踱到我身旁。

动语"沉思"和宾语"少许"不搭配。"沉思"的意思是深思,思考时间比较长,如"沉思良久",所以不适合说"沉思了少许"。

(2)小米含蛋白质、铁及维生素 B_1、B_2 丰富。

句中的动词"含"后面的宾语要求是名词性宾语,可"蛋白质、铁及维生素 B_1、B_2 丰富"是个谓词性短语。"含"后边可改为"丰富的蛋白质、铁及维生素 B_1、B_2"。

3. 中心语与修饰语不搭配

例如：(1)法国电影周的上映，必将促进中法文化的交流。

中心语"法国电影周"与修饰语"上映"不搭配，可将"上映"改为"举办"。

(2)中学时代打下的坚实的基础知识，为他进一步自学创造了条件。

句子的中心语和定语搭配不当。"中学时代打下的"是"基础"，不是"基础知识"，或者将"打下"改为"掌握"，"掌握丰富的基础知识"。

4. 两面与一面不搭配

例如：(1)构思好不好，关系到作品好不好，正是作家在作品上显示出他的艺术本领。

"好不好"是两面的，"显示本领"是一面的，两面与一面不能搭配。可将两个"不好"删除。

(2)对于一个无产阶级革命政党而言，其战略估量的对错，大体上有两个相关的判据：一是要切合社会主义进程的实际，二是要符合马克思主义。

前一句谈论的是"对错"，是两面的；后面的判断依据是"一是要、二是要"，是一面的；两面与一面搭配不起来。可以将两个"要"改为"否"，变成"一是否、二是否"。"对错"与"是否"都是两面的，就可以搭配了，表达的意思就清晰了。

5. 量名不搭配

例如：我无法忘却在直播室柔和灯光下我与一颗颗真诚心灵对话时的那份神圣。

这个句子中的量词"颗颗"与名词"心灵"不搭配。

(二)成分残缺或多余

成分残缺或多余是指句子里少了必要的成分或多了某个成分而使句子意思不清楚。

1. 成分残缺

例如：(1)光明派出所接到报案后，迅速赶到案发现场，将犯罪嫌疑人控制。

这个句子缺少主语，"派出所"不能做主语，可在"迅速"后加"派出民警"，这样"派出所"就成了主语。

(2)《现代汉语词典》修订本和读者见面了，1997年商务印书馆出版了《现代汉语词典》，就是以这本书为基础的。

这个句子中"就是以这本书为基础的"前面缺少主语，不确定是哪本书，所以前面应该添加"修订本"。

(3)伟大思想家鲁迅在《祝福》中的祥林嫂是受封建礼教迫害的千百万妇女中的一个。

这个句子中主语的定语应是个主谓短语，而这个主谓短语缺少谓语中心，应在介词短语"在《祝福》中"之后添加"塑造"。

2. 成分多余

例如：(1)读完这篇文章，读者就会被主题所感染，使读者感到余味无穷，不忍释手。

"使读者感到余味无穷，不忍释手"是个承前省略主语的兼语短语做谓语，如果把主语补出来，"使读者"是谓语的多余成分，应该删除。

(2)我久久伫立在楼前，默默地辨别原来三间平房的位置。

句中的"伫立"的意思就是长时间站立，没有必要再用"久久"来修饰。

3. 语序不当

例如：(1)一位优秀的有20年教学经验的国家队的跳水女教练。

一个句子里有多项定语，就要合理排序。这个句子有多项定语，应该这样排序：国家队的(表领属关系)——位(数量)—有20年教学经验的(动词短语)—优秀的(形容)—跳水女教练(性质)。

(2)里屋北院上房，我们老两口住。

"里屋北院上房"应改为"北院上房里屋"。因为"北院"最大，包括不止一栋房子；"上房"次之，是"北院"里坐北朝南的房子；"里屋"最小，仅仅是"上房"里的一个房间。

4. 句式杂糅

例如：(1)一个人的进步快慢，关键在于内因起决定作用。

"关键在于内因"和"内因起决定作用"两个句式杂糅了，选用其一即可。

(2)客房内均设有闭路电视、国际国内直拨电话、音响、房间酒吧等应有尽有。

"均设有"和"应有尽有"两个句式杂糅了，选用其一即可。

(3)深入学习党中央的讲话，推动党的执政能力建设和先进性建设取得实效。

"推动"与"建设"可以搭配，但"推动"与"实效"不能搭配，"推动……建设"与"使……取得实效"两个句式杂糅了。

三、歧义问题

如果一个语言片段在上下文中有不止一种意思，使读者误解，这是一种语病，称作"歧义"。

例如：(1)他有一个女儿，在医院工作。

这属于主语省略导致的歧义句。第二句的主语省略，可以指"他"，也可以指"他的女儿"。

(2)当年在鲁迅艺术学院，只有我跟他学过油画。

这属于词性不同导致的歧义句。"跟"是连词，就是我俩一起学过油画；"跟"是介词，就是我向他学过油画。

(3)他走了一个钟头了。

这属于多义词导致的歧义句。"走"一种意思是离开一个钟头了；另一种意思是一直在走，已经走了一个钟头了。

以上三个例子只是引起歧义的几种情况，导致歧义产生的原因还有很多，这里不做赘述了。

四、逻辑错误

有些句子结构完整,符合语法规则,但在事理上讲不通。这种错误就是逻辑错误。语法要服从逻辑,一句话不但要有适当的结构,还要事理上讲得过去,才算是通的。要想正确表达思想,首先要讲逻辑。概念、判断、推理是思维的具体表现形式,只有概念明确,用词才能确切;只有判断准确,语句表达才能顺畅;只有推理合乎逻辑,议论才能具有论证性和说服力。常见的逻辑错误有概念错误、判断错误、推理错误。

(一)概念错误

例如:(1)如果一天能记住三个词汇,一年就有一千多。

"词汇"指词的总汇,属于集合概念,不能用表示个体数量的限定词"三个"修饰,可把"词汇"改为"词"。

(2)那种夹叙夹议的三段论式的、学生八股式的议论文占了绝大多数。

"夹叙夹议"并非"三段论式","三段论式"也非"八股"。"三段论式"这个概念也有问题,只有"三段论"和"三段式"。"三段论"是形式逻辑间接推理的基本形式之一,由大前提和小前提推出结论。"三段式"是篇章修辞的一种结构方式,其特点是"提出问题—分析问题—解决问题,形成凤头、猪肚、豹尾式三段"。"八股"的主要特点是:内容空洞,形式死板。"夹叙夹议""三段论""三段式""八股"风马牛不相及。

(二)判断错误

例如:(1)每一本书都是有教育意义的,应当让孩子多读点书。

判断失真。"每一本书都是有教育意义的"这个判断是不真实的,因为有的书是没有教育意义的甚至有害身心健康的。

(2)爱情之花,只有经过风吹雨打,才会更加鲜艳。

假言不当。作为假言判断的"前件"的"经过风吹雨打"与作为"后件"的"更加鲜艳"之间,没有必要条件关系。

(三)推理错误

例如:(1)我省热带作物生产的规模还很小,管理水平和科研水平不高,因此发展潜力还很大。

"管理水平和科研水平不高"与"发展潜力还很大"之间,没有必然推出的因果关系。

(2)文章得失不在天。可见文章写得好坏,全凭自己的努力。只要肯花时间,写它十遍、二十遍,就能写好。

"只要……就能……"是一个充分条件假言判断,其逻辑关系是:断定前件真就必然断定后件真。但是,"写十遍、二十遍"对于"写好文章"并不是充分条件,而只是必要条件。因为"写十遍、二十遍"并不一定能"写好文章"。

第六章

修　　辞

第一节　修辞概述

一、修辞的定义

"修辞"有三方面的含义：一是修辞的客观规律；二是指修辞活动，也就是在说话或写作时，根据特定的语境和表达需要，选用最恰当的表达方式，力求使话语更加准确、鲜明、生动，以收到最好的表达效果；三是指修辞学，也就是研究运用语言的艺术，研究提高语言表达效果的规律和方法的科学。

我国第一部以"修辞"命名的著作是元代王构的《修辞鉴衡》。但这部书主要说明诗文批评、鉴赏、写法以及学习写作的门径，不是我们今天所说的严格意义上的修辞。我国第一部系统研究汉语修辞格的著作是唐钺的《修辞格》（商务印书馆，1923年），参考了英国学者J.C.讷斯菲尔德《高级英语作文》（1910），把汉语修辞格分为五大类二十七格。创立我国第一个科学修辞学体系的著作是陈望道的《修辞学发凡》（1932）。这部修辞学著作影响很大。陈望道把汉语修辞方法分为消极修辞和积极修辞两类。所谓消极修辞，就是要做到明确（意义明确）、通顺（条理清楚）、平匀（语言平易纯正）、稳密（词句安排符合内容的需要）。前两点说内容，后两点说语言形式。所谓积极修辞，就是采用一定的修辞方式，创造一定的意境，或增加语句的情趣。《修辞学发凡》把修辞格分为38种。

二、词语的锤炼

词语的选择和使用，修辞学上称为词语的锤炼，又称炼字。

锤炼词语，一般从内容和形式两方面着手，二者密不可分，相辅相成。

（一）选择词语要规范

这是用词的最起码要求。使用文言词、方言词、外来词、新造词,都要考虑有无必要,不能滥用。尤其是外来词要注意翻译的问题,同时注意书写规范问题。

还有一个词与非词的问题。有的语素,如"桌、椅、窗、袜、衣、语、素、骨、丰"等是不能单独作为一个词来用的。一个字的姓氏、人名、地名、国名,都不能单独作为一个词来用。

（二）选择词语要准确

这在很大程度上是同义词、同义成语选用问题。

例如：那个时候他一钱不值,默默无闻,如今却成了人物。

"一钱不值"比喻毫无价值,含贬义。可改为中性义的"一钱不名",形容贫困。

（三）力求寻常词语艺术化

用词不在于堆砌美丽的辞藻,而在于恰到好处,力求配合得当、前后呼应、整体和谐。

例如：这些记叙过去长征的片段故事,好比当时一根火柴、一把野菜、一条标语,虽然质量不高,味道也不强,但它却能对今天的新的长征战士们起一点御寒、充饥、添劲的作用。

（四）注意词语的声音配合

古人写作喜欢用偶句,讲究对称句法。现代写作也适当注意音节配合,可以增强文章的节奏感和气势,如押韵、平仄、叠音等,尤其重要的是音节匀称的问题。

例如：满肚苦水,满腔仇恨！在苦水和仇恨里长大的孩子啊,永远忘不了这世世代代的苦祖祖辈辈的仇。

这里的"苦水"和"仇恨"分别对称使用,"世世代代"和"祖祖辈辈"又是叠音形式的对称使用,在音节上这种变化多样的对称配合,节奏感随之增强。

三、句式的选择

句式的选择和使用,修辞学上称为炼句。

表达基本相同的意义,但在风格色彩、修辞功能、表达效果上有细微差别的几个句式,称为同义句式。所谓句式调整,主要是同义句式的选择问题。

下面主要从修辞角度谈一谈同义句式的选择及其表达效果：

（一）主动句和被动句

主动句的谓语动词是没有限制的；被动句的谓语动词是有限制的,全句一般表示不怎么情愿的意思。如果以施事做陈述的对象,适合用主动句;如果以受事做陈述的对象,适合用被动句。最典型的主动句是"把"字句,最典型的被动句是"被"字句。

例如:或者把老虎打死,或者被老虎吃掉,二者必居其一。

在我们厂里,他是有名的劳动带头人;去年他被大家选为劳动模范,今年,他又做出了新成绩。

(二)肯定句和否定句

对事物做出肯定判断的句子叫肯定句;对事物做出否定判断的句子叫否定句。修辞学上讨论肯定、否定,限于那些本来可以用肯定形式表达的意思,却用的否定形式,这里就有特定的修辞效果了,不是一般地讨论否定句。

例如:《龙须沟》赵老讲他老婆:她长得不寒伧。

(我们不能过多地责备长春光机所没有照顾好蒋筑英和罗健夫)但是痛定思痛,我们仍然不能不想到,在这些方面未必没有许多欠缺。

双重否定的语气究竟是加重,还是减轻,要看上下文。一般来说,显得婉转。正因为婉转,也就显得更有力量。

(三)长句和短句

长句指字数多、容量大、结构比较复杂的句子。短句指字数少、容量小、结构比较简单的句子。长句严密,多用于书面语,短句活泼,口语中用得较多。当然,很多长句是复句,但长句不一定非得是复句,短句也不一定非得是单句。

例如:鲁迅是在文化战线上,代表全民族的大多数,向着敌人冲锋陷阵的最正确、最勇敢、最坚决、最忠实、最热忱的空前的民族英雄。

不管是吉是凶,逃!

前一句是长句,可是它是单句;后一句是短句,可是它是复句。

长句之所以长,有两个原因:一是修饰语长,二是句子里联合成分多。上面第一个例句兼有这两方面的特点。按照汉语的习惯,句子一般都不太长。我们常常要把长句改写为短句,叫作长句化短。长句化短的方法是把长句中的复杂修饰语独立成为分句或句子,让去掉修饰语的主体部分成为另外的分句,在它们之间添加适当的词语,把它们联结起来。

(四)整句和散句

结构相同或相似的一组句子叫整句;结构不整齐,各式各样的句子交错运用的一组句子叫散句。

整句指相邻的几个句子或分句结构相同或相似;散句指相邻的几个句子或分句结构参差。辞格里讨论的排比、对偶等也都是整句。整句有整齐美,欧阳修的《醉翁亭记》全用整句。散句有参差美。一般情况下,要把整句和散句结合起来使用,这叫作正散兼行。

例如:南西门外不远是草桥,那里的人从明朝以来就靠种花为业。春天出迎春、碧桃;夏天卖芭兰、晚香玉;秋天菊花品种齐全;冬天的蜡梅、水仙誉满京华。

本来讲春夏秋冬四季的花卉都可以用整句,可是这里讲春夏用述宾结构,讲秋冬用主谓结构,互相参差。当然秋冬的主谓结构也有差别:讲秋是主谓谓语句,讲冬是一般的主谓句。

(五)紧句和松句

句子结构紧凑的为紧句,结构松弛的为松句。

例如:她不能,不肯,也不愿看别人的苦处。

这是一个紧句。可以把它改写为松句:"她不能看别人的苦处,不肯看别人的苦处,也不愿看别人的苦处。"

(六)口语句式和书面语句式

口语里经常出现而在书面语里较少出现的句式叫口语句式;在书面语里经常出现而在口语里较少出现的句式叫书面语句式。口语句式结构比较简单,句子短小,附加成分少,常用口语色彩浓的词语,单音节词用得多,语气词用得比较多,关联词语用得少。书面语句式结构可以很复杂,句子较长,常用书面色彩浓的词语,双音词较多,常有文言词语、文言句式,关联词语也用得多。下面举两个书面语句式的例子:

例如:作为既是鲁大海的母亲又是周萍的生母的她,看到周萍他们一伙施行淫威,她恨。
　　我第二次到仙台的时候,我惊诧于梅雨潭的绿了。

第二节　常用辞格

一、比喻

比喻是用本质不同又有相似点的事物描绘事物或说明道理的辞格。无论哪一类比喻,都由三个部分构成:本体、喻体、比喻词。本体、喻体可以是具体的人或事物,也可以是某种性质、行为、动作、道理等。

按本体和比喻词的表现形式,比喻分为明喻、暗喻、借喻三类。

(一)明喻

明喻通过"像、仿佛、……似的、犹如"等比喻词把本体和喻体联系起来,一眼就可以看出是打比方。

例如:我好像一只牛,吃的是草,挤出的是牛奶。

(二)暗喻

暗喻的比喻词是"是、成了"之类。

例如：然而在短促的过去的回顾中却有一盏明灯，照彻了我的灵魂和黑暗，使我的生存有
　　　一点光彩。这盏灯就是友谊。

(三)借喻

借喻的本体不出现，直接用喻体代本体，因而也不需要比喻词。

例如：韩老六的大老婆是一个中间粗两头尖的枣核样的胖女人，枣核存心把剩下的钱往少
　　　数说。

二、夸张

故意言过其实，对客观的人或事物在描写的时候，做扩大或缩小、强化或弱化的描述，或做超乎事实的描写，使对象的本质特征更明显地表现出来，给人以深刻的印象。

夸张的基本类型可分为扩大、缩小、超前三类：

(一)扩大夸张

故意把一般事物往大处说。

例如：蜀道之难，难于上青天。
　　　隔壁千家醉，开坛十里香。

(二)缩小夸张

故意把一般事物往小处说。

例如：五岭逶迤腾细浪，乌蒙磅礴走泥丸。

(三)超前夸张

在两件事之中，故意把后出现的事说成是先出现的，或是同时出现的。

例如：李二汉刚掀酒罐，就觉醉意已有三分。

三、比拟

根据想象把物当作人写或把人当作物写，或把甲物当作乙物来写，这种辞格叫作比拟。比拟由本体和拟体构成，不过拟体不在句子里出现，直接把本体当成拟体来写。

比拟可分为拟人和拟物两大类：

(一) 拟人

把物当作人来写,赋予物以人的言行或思想感情。

例如:萤火虫在夏夜的草地上低飞,提着一盏小小的灯笼,殷勤地照看这花草的世界。

"哼!不喜欢猫!"那耗子尖着嗓子急着嚷道。"要是你做了我,你也喜欢猫吗?"(赵元任译《阿丽思漫游奇境记》)

(二) 拟物

把人当作物来写,使人具有物的情态或动作,或把甲物当作乙物来写。

例如:那肥大的荷叶下面,有一个人的脸,下半截身子长在水里,那不是水生吗?

到了房外,我的母亲早已迎着出来了,接着便飞出了八岁的侄儿。

四、借代

不直说某人或某事物的名称,借同它密切相关的名称去代替,这种辞格叫借代。即利用本体和借体之间的相关关系,用借体直接代替本体。

借体与本体有直接联系。借代是通过相关性联想建立关系的。不过,借代的本体不出场,而是借借体代本体。

例如:中国人民中间实在有千千万万个诸葛亮。

几千双眼睛都盯着你,看你穿上战士的衣服,看你挂着银质的奖章。

五、双关

双关是让一句话关顾两种不同的事物,有两种理解,产生明暗两种意思。恰当地运用双关手法,一方面可使语言幽默,饶有风趣;另一方面也能适应某种特殊语境的需要,使表达含蓄曲折、生动活泼,以增强文章的表现力。

双关按构成条件看,可分为谐音双关和语义双关。

(一) 谐音双关

利用音同或音近的条件使词语或句子双关。有些歇后语就是运用双关手法构成的。

例如:腊月里的萝卜——冻(动)了心

膝盖上钉掌——离蹄(题)太远

孔夫子搬家——尽是书(输)

(二) 语义双关

利用词语或句子的多义性在特定语境中形成双关。语义双关更为常用,常用一句话关涉两个对象,其中蕴含的不直接说出来的含义是表意所在,既要含而不露,又要使人体会得到,寻味得出,不能造成误会或歧义。

例如:新事业从头做起,旧现象一手推平。

这是新中国成立以后,一家理发店写的春联。"从头做起"和"一手推平"二者语义双关。讲的是理发,实际上是寄托着人民群众除旧迎新的愿望,歌颂新中国,欢庆新社会。

六、排比、层递、反复

(一)排比

排比是把结构相同或相似、语气一致、意思密切关联的句子或句子成分排列起来,使内容和语势增强的一种辞格。排比分为句子排比和句法成分排比两类:

1. 句子排比

例如:处理问题必须要瞻前顾后,不仅要看到眼前的,还要看到长远的;不仅要看到局部的,还要看到全局的;不仅要了解中国国情,还要了解世界局势;不仅要看到世界发展对中国的影响,还要看到中国发展对世界的影响。

2. 句法成分排比

例如:延安的歌声,是革命的歌声,战斗的歌声,劳动的歌声,极为广泛的群众的歌声。

(二)层递

层递是根据事物的逻辑关系,连用结构相似、内容递升或递降的语句,表达层层递进的事理的一种辞格。层递也可以说是排比的一种,现在把它独立出来,与排比对立。层递的关键是各项在内容上递升,或递降。

1. 递升

例如:一根火柴,它自己熄灭了,却把别人点燃起来,引起了比自己大十倍、百倍、千倍以至数万倍的熊熊大火。

2. 递降

例如:我爱我的国家,爱我的石头城,爱我的家。

(三)反复

反复是为了突出某个意思、强调某种感情,特意重复某个词语或句子的一种辞格。反复分为连续反复和间隔反复两类:

1. 连续反复

例如:沉默呵,沉默呵! 不在沉默中爆发,就在沉默中灭亡。

2. 间隔反复

例如：十里桃花,十里杨柳,十里红旗风里抖,江南春,浓似酒。

七、对比、映衬、对偶

(一)对比

对比是把两种不同的事物或者同一事物的两个方面放在一起相互比较的一种辞格。把互相对立的两个事物或一个事物的两个方面加以对照,从而突出双方的特点。对比可以分为两体对比和一体两面对比两类：

1. 两体对比

例如：有的人活着,他已经死了；

　　　有的人死了,他还活着。

2. 一体两面对比

例如：我们创造了一种独具风格的生活方式：有钱的真讲究,没钱的穷讲究。

(二)映衬

映衬也叫衬托,是为了突出主体事物,用类似的或相反的、相异的事物做陪衬的一种辞格。用相关、相反的事物从旁陪衬、烘托,使要表达的对象更加鲜明、突出。映衬可以分为正衬和反衬两种：

1. 正衬

例如：俗话说：人逢喜事精神爽。偏巧,这天又风和日暖,一路上山溪婉转,鸟语花香。

2. 反衬

例如：大舅妈的身量小,咳嗽的声音可很洪亮。

(三)对偶

对偶是结构相同或基本相同、字数相等、意义上密切相连的两个短语或句子,对称地排列的一种辞格。对偶就上联和下联在意义上的联系可分为正对、反对和串对三类。

1. 正对

例如：脚踢天下好汉,拳打五路英雄。

2. 反对

例如：害人之心不可有,防人之心不可无。

　　　你走你的阳关道,我走我的独木桥。

3. 串对

例如：金猴奋起千钧棒,玉宇澄清万里埃。

除夕刚饮祝捷酒,新年又看报春花。

八、拈连、通感、仿词

(一)拈连

拈连是当互相关联的具体事物和抽象事物连说时,巧妙地把适用于具体事物的词语移用到平常不适用的抽象事物上,陈述或支配抽象事物的一种辞格,又叫顺拈。这种辞格在一定的语言环境中,可以增强语言的生动性。拈连可分为全式拈连和略式拈连两类:

1. 全式拈连

例如:好哇,大风,你就使劲地刮吧。你现在刮得越大,秋后的雨水就越充足。刮吧,使劲地刮吧,刮来个丰收的好年景,刮来个富强的好日子。

2. 略式拈连

例如:咚——咚——咚咚咚。声音单调吗? 一点也不觉得。因为每一声咚咚都敲出对旧事物的诅咒,敲出对新生的人民共和国美好的祝愿。

(二)通感

通感是叙事状物时运用,使不相通的感官感觉相互沟通起来的一种辞格。把甲种感官获得的感觉,说成仿佛是乙种感官的感觉。

例如:心理学家有所谓"伴生感觉的过程"。在日常经验中,眼耳鼻舌身这五种感官获得的视觉、听觉、嗅觉、味觉、触觉往往可以互相沟通。颜色似乎会有温度,声音似乎会有形象,冷暖似乎会有重量,这是通感的心理基础。

(三)仿词

仿词是根据表达的需要,更换现成词语中的某个语素,临时仿造出新的词语的一种辞格,可以增加语言的生动性、深刻性。仿词可分为音仿和义仿两类:

1. 音仿

例如:大中城市年轻人,超前消费成"负翁"。

2. 义仿

例如:第二天早起,她们的头发上结了霜,男同志笑她们说:"嘿,你们演《白毛女》都不用化妆了!"她们也笑男同志:"还说呢,你看,你们不是'白毛男'吗?"

九、设问和反问

（一）设问

设问是以自问自答的形式，引导读者注意和思考问题，主要为了提起听话人的注意，然后自己来回答的一种辞格。设问是一种使用较广的辞格，可以用来直接做标题，启发读者思考，更好地理解文章的中心思想；也可以用在一段文章的开头或结尾，起到承上启下的过渡作用。

例如：我们回顾一下历史。人类的远古时期，有没有生产劳动？当然有。有没有生产力？当然有。但是有没有科学技术？那就说不上了，大概只是生产劳动的经验而已。

人的正确思想是从哪里来的？是从天上掉下来的吗？不是。是自己头脑里固有的吗？不是。人的正确思想只能从社会的生产斗争、阶级斗争、科学实验这三项实践中来。

（二）反问

反问也是无疑而问，明知故问，但是它只问不答，要表达的确定意思包含在问句里。反问句包含激情，语气强烈，比陈述句更有力量。

例如：如果说贪污浪费是极大的犯罪，那么浪费和摧残人才不是更大的犯罪吗？

朋友们，当你听到这段英雄事迹的时候，你的感想如何呢？你不觉得我们的战士是可爱的吗？你不以我们的祖国有着这样的英雄而自豪吗？

第三节　修辞规范化问题

一、韵律不协调

（一）音节不匀称

汉语中有单音节词、双音节词和多音节词，写作时需要根据音节对称整齐的原则进行选择调整。

例如：他的命就是汉语。

　　　学是他生活中很重要的一部分内容。

这里的"命"和"学"是单音节词，将"命"改为"生命"、"学"改为"学习"，这就与后面的双音节词"汉语"和"内容"配合得整齐匀称。

（二）平仄不相间

汉语讲究平仄,如果韵文不讲究平仄相间,让同声调的字相连过疏或过密,就会失去音韵的美感,注意非韵文也应该适当调配平仄。

例如：明白从前苦,方知今天甜。

前一分句的字是三平二仄,后一分句的字都是平声,这样全句读起来就很平直不顺口。如果改成"了解从前苦,方知今日甜",这样平仄交替读起来就比较上口了。

（三）押韵不和谐

押韵一般用于诗歌当中,诗歌讲究押韵给人回环美。但注意不能单纯追求形式,为押韵而押韵。

例如：石不烂抬起头。

　　穷岭上,

　　红灯出。

出自田间《赶车传》,原诗中的"上"和"出"不押韵,所以将"出"改写成"亮"比较合适,押韵且韵律和谐。

二、词语不准确

（一）表意不准确

选用词语修辞时,要注意前后的语义配合关系,否则表意不准确。

例如：山舞银蛇,原驱腊象,欲与天公试比高。

这句出自毛泽东《沁园春·雪》的初稿,后来毛泽东接受臧克家的建议,将"驱"改为"驰",将"腊象"改为"蜡象",正与"银蛇"相对,对仗工整,表意更为深刻。

（二）感情色彩不当

词语除了具有理性意义之外,还具有感情色彩,在使用修辞方式时,一定要考虑词语本身带有的附加感情色彩,如果运用得当,能收到良好的表达效果,相反就会出现感情色彩上的问题。

例如："比去年都不如,只有五块钱。"伴着一副懊丧到无可奈何的嘴脸。

这个句子出自叶圣陶《多收了三五斗》,作品中描写的是贫苦农民,但"嘴脸"是带有贬义色彩的表示面貌脸色,宜选择中性词"神色"。

（三）语体色彩不当

有些词语常用于口语，带有明显的口头色彩；有些词语常用于书面语，带有明显的书面语色彩。

例如：在劳动的过程中，很少人为了个人的什么去锱铢计较；倒是为集体做了些什么有意义的事情，才感到是真正的幸福。

这个句子出自《记第一辆纺车》初稿，里面有一个词"锱铢计较"比较深奥难懂，不常用，具有明显的书面语色彩，而改成"斤斤计较"较为合适，通俗易懂。

三、句意不顺畅

（一）句式选择不当

汉语有多种句式，所谓句式选择不当，主要是指同义句式选用不当。下面具体分析不同句式的表达效果。

例如：(1)我们打败了敌人。（主动句）

　　　敌人被我们打败了。（被动句）

主动句和被动句两种句式的侧重点不同，两种句式相比之下，主动句比被动句更直接更有力。因此，一般情况下，主动句用得更多，有时为了满足意义上的需要，达到更好的效果可以有意识地使用被动句。

(2)不但农业而且工业也需要调整。（紧句）

　　　不但农业需要调整，而且工业也需要调整。（松句）

两个句子是同义关系，一般来说，松句因声顿意歇而有发人警醒、字斟句酌的特点，紧句简洁有力而有语势贯通、语义简明的特点。上面例子中第一个为紧句，显得紧凑有力，严密集中；第二句为松句，显得结构匀称，节奏舒缓，层次清楚。

（二）句子语义重复

例如：(1)如何合理密植的问题，是提高单位面积产量的重要问题。我们必须认真研究这个问题，认真解决这个问题。

句子中出现了多个"问题"，词语重复现象严重，显得语义拖沓，不够简洁，可以删掉。

(2)你看，那一只只璀璨夺目、熠熠生辉、银光四射、晶莹耀眼的国产手表。

句子中修饰中心词"手表"的定语过多，堆砌了多个表示相似意思的形容词，可以删掉一些。

(三) 句子表达不连贯

在篇章表达中,句子和句子之间会出现脱节的现象,前后文意脱节不连贯,或者句意背谬不衔接,语气不协调的情况。

例如:由于树木茂密,我们的骑兵队伍起初没有被发现,直到听了马蹄声,山上的敌军才鸣枪报警。

前一分句是以"我们的骑兵队伍"为主语的被动句,后一分句是以敌军为主语的主动句,前后文意脱节,出现表达不连贯的情况。

四、辞格不恰当

(一) 比喻不当

比喻一般可以把本体表述得更加通俗易懂,生动形象,从而使抽象事物具体化、深奥的道理浅显化、概念的东西形象化。但也要注意,比喻的运用要贴切恰当。

例如:(1)这人的相貌不大好看,脸像个葫芦瓢子,……

这个句子运用明喻的修辞手法,但是把人的脸比作"葫芦瓢子",喻体表达一种贬义的感情色彩,虽然运用了比喻手法,但是并不合适。

(2)无数条淙淙流淌的小河就像大地上的脉搏一样在不停地流动着,跳动着。

句子中把"小河"比作"脉搏",本体喻体不合适。再有"脉搏"可以"跳动",但不能"流动";"淙淙流淌的小河"可以"流动",但不能"跳动"。句子中前后矛盾,两种事物没有相似点,这里不适合运用比喻辞格。

(二) 比拟不当

比拟由本体和拟体构成,不过拟体不在句子里出现,直接把本体当成拟体来写。这点也是比拟与比喻的区别所在。运用比拟辞格的时候要注意被拟事物本身的特点及与描绘环境的协调。

例如:秋雨跳着欢快的舞,一下就是几天,什么活也干不了,真闷死人。

句中描绘的是"秋雨",秋雨连绵使人烦闷,是一种低落悲凉的情绪,这里运用了比拟手法给"秋雨"以欢快的动作和感情,这和后面的心情是很不协调的,比拟辞格运用不当。

(三) 借代不当

借代的运用一般来说借体与本体有直接联系。借代是通过相关性联想建立关系的。不过,借代的本体不出场,而是借借体代本体出现。

例如:月光里,一个披黑香云纱褂子的中年男子显得满脸不高兴……张参谋已经跨进门槛,越过天井,往堂屋里走去。短褂子跟着。

这个句子中运用借代手法,用"短褂子"借代"人",但是没有交代清楚谁穿着"短褂子",使读者感到费解,运用借代不当。

(四)夸张不当

合理运用夸张修辞手法可以将人或事物的本质特征更明显地表现出来,给人以深刻的印象。但是夸张需要有实际基础,不能违背事实,更不能虚张声势。

例如:中国人民力量大,

指山,山搬家,

指地,地就陷,

指天,天就塌。

这里运用夸张手法,夸大中国人民的力量,有虚张声势之嫌,没有合理地运用夸张辞格。

(五)仿词不当

仿词为了增加语言的生动性、深刻性,更换现成词语中的某些语素,临时造出新的词语。说话写文章能恰当地运用仿词,可使语言生动活泼,饶有趣味,给读者留下鲜明深刻的印象,收到较好的表达效果。运用仿词要选取内容健康的,抛弃内容庸俗落后的。对于内容健康的仿词,也要根据作品所要表达的意思和语言环境恰当地使用,不能滥用,有的也不宜在庄严的场合使用。

例如:默默无"蚊"的奉献!(某电蚊香广告)

随心所"浴"(某浴霸广告)

百"衣"百顺(服装广告)

百文不如一键,不打不相识。(某打字机广告)

(六)对偶不当

字数相等,结构相同、相似的两个词组或句子,表达相关、相反的内容。对偶分为正对、反对和串对。正对是指上下两联互相对称;反对是指上下两联意思互相对立;串对是指上下两联有因果、连贯等关系。

对偶在对仗方面要求很严格。从语音上说,很讲究平仄。

例如:忠厚传家,诗书继世。(大宅门)

一片丹心育新人,满园春色催桃李。(嵩阳书院)

对联的下联末字应是平声。以上两个例子一看便知,对联排反了。

（七）排比不当

三个或三个以上结构相同或相似，语气一致的句法结构（句子/分句/词组）巧妙地组成一串，表达相关的内容，这是排比。排比各项应该在意义上互相平行。

例如：为革命刻苦钻研技术，连续三年不出错的阿珍师傅，是我们学习的好榜样，是我们学习的好表率，是我们学习的好模范！

这个例子为了凑成整齐的句式，生硬地把重复的意思组成排比，使读者感到空洞、啰唆。句中的"榜样""表率""模范"在意义上没有什么差别，其实选用一个就可以了。

（八）顶真不当

顶真是指前一句结尾和后一句开头词语相同。顶真分为严式顶真和宽式顶真。

例如：文学是创造性劳动，创造性劳动需要灵感，灵感来自生活积累，生活积累是作家对所写对象心灵的感受后认同。（严式顶真）

布匹是哪儿来的呢？是织布厂用纱织成的。纱呢？又是纺纱厂用棉花纺成的。棉花呢？必须从地里种出来。地呢？也得经过耕作播种，还要两次三番地浇水。水呢？又得挖掘灌溉渠，从河里引到地里来。（宽式顶真）

顶真不具有回环往复的形式，用顶真的句子，其轨迹是一条线，但注意不要滥用，弄得文字牵强、生硬。

例如：电影散场后，我徒步回家，回家路上骤然落雨，雨越下越大，大雨把我淋成了落汤鸡，落汤鸡的我很狼狈！

这段话的意思很简单，既没有什么相互依存的事理上的内在联系要说明，也没有什么深厚的情意可抒发，属于滥用顶真辞格现象。

附 录

附录一 汉语拼音方案

中华人民共和国第一届全国人民代表大会第五次会议关于汉语拼音方案的决议
（1958年2月11日第一届全国人民代表大会第五次会议通过）

第一届全国人民代表大会第五次会议讨论了国务院周恩来总理提出的关于汉拼音方案草案的议案，和中国文字改革委员会吴玉章主任关于当前文字改革和汉语拼音方案的报告，决定：一、批准汉语拼音方案。二、原则同意吴玉章主任关于当前文字改革和汉语拼音方案的报告，认为应该继续简化汉字，积极推广普通话；汉语拼音方案作为帮助学习汉字和推广普通话的工具，应该首先在师范、中、小学校进行教学，积累教学经验，同时在出版等方面逐步推行，并且在实践过程中继续求得方案的进一步完善。

一、字母表

字母	名称	字母	名称	字母	名称	字母	名称
Aa	ㄚ	Hh	ㄏㄚ	Oo	ㄛ	Uu	ㄨ
Bb	ㄅㄝ	Ii	ㄧ	Pp	ㄆㄝ	Vv	万ㄝ
Cc	ㄘㄝ	Jj	ㄐㄧㄝ	Qq	ㄑㄧㄡ	Ww	ㄨㄚ
Dd	ㄉㄝ	Kk	ㄎㄝ	Rr	ㄚㄦ	Xx	ㄒㄧ
Ee	ㄜ	Ll	ㄝㄌ	Ss	ㄝㄙ	Yy	ㄧㄚ
Ff	ㄝㄈ	Mm	ㄝㄇ	Tt	ㄊㄝ	Zz	ㄗㄝ
Gg	ㄍㄝ	Nn	ㄋㄝ				

V只用来拼写外来语、少数民族语言和方言。

字母的手写体依照拉丁字母的一般书写习惯。

二、声母表

b ㄅ玻	p ㄆ坡	m ㄇ摸	f ㄈ佛	d ㄉ得	t ㄊ特	n ㄋ讷	l ㄌ勒
g ㄍ哥	k ㄎ科	h ㄏ喝		j ㄐ基	q ㄑ欺	x ㄒ希	
zh ㄓ知	ch ㄔ蚩	sh ㄕ诗	r ㄖ日	z ㄗ资	c ㄘ雌	s ㄙ思	

三、韵母表

	i ㄧ衣	u ㄨ乌	ü ㄩ迂
a ㄚ啊	ia ㄧㄚ呀	ua ㄨㄚ蛙	
o ㄛ喔		uo ㄨㄛ窝	
e ㄜ鹅	ie ㄧㄝ耶		üe ㄩㄝ约
ai ㄞ哀		uai ㄨㄞ歪	
ei ㄟ诶		ui ㄨㄟ威	
ao ㄠ熬	iao ㄧㄠ腰		
ou ㄡ欧	iu ㄧㄡ忧		
an ㄢ安	ian ㄧㄢ烟	uan ㄨㄢ弯	üan ㄩㄢ冤
en ㄣ恩	in ㄧㄣ因	un ㄨㄣ温	ün ㄩㄣ晕
ang ㄤ昂	iang ㄧㄤ央	uang ㄨㄤ汪	
eng ㄥ鞥	ing ㄧㄥ英	ueng ㄨㄥ翁	
ong (ㄨㄥ)轰的韵母	yong ㄩㄥ雍		

(1)"知、蚩、诗、日、资、雌、思"等字韵母用i,即:知、蚩、诗、日、资、雌、思等字拼作zhi,chi,shi,ri,zi,ci,si。

(2)韵母儿写成er,用做韵尾的时候写成r。例如:"儿童"拼作értóng,"花儿"拼作huār。

(3)韵母ㄝ单用的时候写成ê。

(4)i列的韵母,前面没有声母的时候,写成yi(衣),ya(呀),ye(耶),yao(腰),you(忧),yan(烟),yin(因),yang(央),ying(英),yong(雍)。

u列的韵母,前面没有声母的时候,写成wu(乌),wa(蛙),wo(窝),wai(歪),wei(威),wan(弯),wen(温),wang(汪),weng(翁)。

ü列的韵母前面没有声母的时候,写成yu(迂),yue(约),yuan(冤),yun(晕),两点省略。ü列的韵母跟声母j,q,x拼的时候,写成ju(居),qu(区),xu(虚),两点省略;但是跟声母n,l拼的时候,仍然写成nü(女),lü(吕)。

(5)iou,uei,uen前面加声母的时候,写成iu,ui,un。例如niu(牛),gui(归),lun(论)。

四、声调

一声 -	二声 ´	三声 ˇ	四声 `

声调符号标在音节的主要母音上或音节后。轻声不标。例如:

妈 mā	麻 má	马 mǎ	骂 mà	吗 ma
一声	二声	三声	四声	轻声

五、隔音符号

a,o,e开头的音节连接在其他音节后面的时候,如果音节的界限发生混淆,用隔音符号(')隔开,例如:pi'ao(皮袄)。

附录二 中国地名汉语拼音字母拼写规则(汉语地名部分)

分写和连写

1. 由专名和通名构成的地名,原则上专名与通名分写。

太行/山(注)　松花/江　汾/河　太/湖　舟山/群岛　台湾/海峡　青藏/高原
密云/水库　大/运河　永丰/渠　西藏/自治区　江苏/省　襄樊/市　通/县　西峰/镇
虹口/区　友谊/乡　京津/公路　南京/路　滨江/道　横/街　长安/街　大/马路
梧桐/巷　门框/胡同

2. 专名或通名中的修饰、限定成分,单音节的与其相关部分连写,双音节和多音节的与其相关部分分写。

西辽/河　潮白/新河　新通扬/运河　北雁荡/山　老秃顶子/山　小金门/岛
景山/后街　造币/左路　清波门/直街　后赵家楼/胡同　朝阳门内/大街
南/小街　小/南街　南横/东街　修文/西小巷　东直门外/南后街
广安门/北滨河/路　广渠/南水关/胡同

3. 自然村镇名称不区分专名和通名,各音节连写。

王村　江镇　潮县　周口店　文家市　油坊桥　铁匠营　大虎山　太平沟　三岔河
龙王集　龚家棚　众埠街　南王家荡　东桑家堡子

97

4. 通名已专化的,按专名处理。

渤海/湾　黑龙江/省　景德镇/市　解放路/南小街　包头/胡同/东巷

5. 以人名命名的地名,人名中的姓名和名连写。

左权/县　张之洞/路　欧阳海/水库

数词的书写

6. 地名中的数词一般用拼音书写。

五指山 Wǔzhǐ Shān　九龙江 Jiǔlóng Jiāng

三门峡 Sānmén Xiá　二道沟 Èrdào Gōu

第二松花江 Dì'èr Sōnghuā Jiāng

第六屯 Dìliùtún　三眼井胡同 Sānyǎnjǐng Hútong

八角场东街 Bājiǎochǎng Dōngjiē

三八路 Sānbā Lù　五一广场 Wǔyī Guǎngchǎng

7. 地名中的代码和街巷名称中的序数词用阿拉伯数字书写。

1203 高地 1203 Gāodì　1718 峰 1718 Fēng

二马路 2 Mǎlù　经五路 Jīng 5 Lù

三环路 3 Huánlù　大川淀一巷 Dàchuāndiàn 1 Xiàng

东四十二条 Dōngsì 12 Tiáo　第九弄 Dì-9 Lòng

语音的依据

8. 汉语地名按普通话语音拼写。地名中的多音字和方言字根据普通话审音委员会审定的读音拼写。

十里堡(北京)Shílǐpù　大黄堡(天津)Dàhuángbǎo　吴堡(陕西)Wúbǔ

9. 地名拼写按普通话语音标调。特殊情况可不标调。

大小写、隔音、儿化音的书写和移行

10. 地名中的第一个字母大写,分段书写的,每段第一个字母大写,其余字母小写。特殊情况可全部大写。

李庄 Lǐzhuāng　珠江 Zhū Jiāng　天宁寺西里一巷 Tiānníngsì Xīlǐ 1 Xiàng

11. 凡以 a、o、e 开头的非第一音节,在 a、o、e 前用隔音符号"'"隔开。

西安 Xī'ān　建瓯 Jiàn'ōu　天峨 Tiān'é

12. 地名汉字书写中有"儿"字的儿化音用"r"表示,没有"儿"字的不予表示。

盆儿胡同 Pénr Hútong

13. 移行以音节为单位,上行末尾加短横。

海南岛 Hǎi-
　　　　nán Dǎo

起地名作用的建筑物、游览地、纪念地和企事业单位等名称的书写

14. 能够区分专、通名的,专名与通名分写。修饰、限定单音节通名的成分与其通名连写。

解放/桥 挹江/门 黄鹤/楼 少林/寺 大雁/塔 中山/陵 兰州/站 星海/公园

武汉/长江/大桥 上海/交通/大学 金陵/饭店 鲁迅/博物馆 红星/拖拉机厂

月亮山/种羊场 北京/工人/体育馆 二七/烈士/纪念牌 武威/地区/气象局

15. 不易区分专、通名的一般连写。

一线天 水珠帘 百花深处 三潭印月 铜壶滴漏

16. 企事业单位名称中的代码和序数词用阿拉伯数字书写。

501 矿区 501 Kuàngqū 前进四厂 Qiánjìn 4 Chǎng

17. 含有行政区域名称的企事业单位等名称,行政区域名称的专名和通名分写。

浙江/省/测绘局 费/县/汽车站 郑州/市/玻璃厂 北京/市/宣武/区/育才/学校

18. 起地名作用的建筑物、游览地、纪念地和企事业单位等名称的其他拼写要求,可参照本规则相应条款。

附　则

19. 各业务部门根据本部门业务的特殊要求,地名的拼写形式在不违背本规则基本原则的基础上,可作适当的变通处理。

附录三　中国人名汉语拼音字母拼写规则

1. 正式的汉语人名由姓和名两个部分组成。姓和名分写,姓在前,名在后,姓名之间用空格分开。复姓连写。姓和名的开头字母大写。例如:

Wáng Fāng 王芳　Yáng Wèimín 杨为民

Mǎ Běnzhāi 马本斋　Luó Chángpéi 罗常培

Ōuyáng Wén 欧阳文　Sīmǎ Xiàngnán 司马相南

Lǚ Lüè 吕略　Zhào Píng'ān 赵平安

2. 由双姓组合(并列姓氏)作为姓氏部分,双姓中间加连接号,每个姓氏开头字母大写。例如:

Liú-Yáng Fān 刘杨帆　Zhèng-Lǐ Shūfāng 郑李淑芳

Dōngfāng-Yuè Fēng 东方岳峰　Xiàng-Sītú Wénliáng 项司徒文良

3. 笔名、字(或号)、艺名、法名、代称、技名、帝王名号等,按正式人名写法拼写。例如:

Lǔ Xùn 鲁迅(笔名)　Cáo Xuěqín 曹雪芹("雪芹"为号)

Gài Jiàotiān 盖叫天(艺名)　Lǔ Zhìshēn 鲁智深("智深"为法名)

Dù Gōngbù 杜工部(代称)　Wáng Tiěrén 王铁人(代称)

Lài Tāngyuán 赖汤圆(技名)　Qín Shǐhuáng 秦始皇(帝王名号)

4. 国际体育比赛等场合，人名可以缩写。汉语人名的缩写，姓全写，首字母大写或每个字母大写，名取每个汉字拼音的首字母，大写，后面加小圆点，声调符号可以省略。例如：

Lǐ Xiǎolóng 缩写为：Li X. L. 或 LI X. L. 李小龙

Róng Guótuán 缩写为：Rong G. T. 或 RONG G. T. 容国团

Zhūgě Zhìchéng 缩写为：Zhuge Z. C. 或 ZHUGE Z. C. 诸葛志成

Chén-Yán Ruòshuǐ 缩写为：Chen-Yan R. S. 或 CHEN-YAN R. S. 陈言若水

5. 中文信息处理中的人名索引，可以把姓的字母都大写，声调符号可以省略。例如：

Zhāng Yǐng 拼写为：ZHANG Ying 张颖

Wáng Jiànguó 拼写为：WANG Jianguo 王建国

Shàngguān Xiǎoyuè 拼写为：SHANGGUAN Xiaoyue 上官晓月

Chén-Fāng Yùméi 拼写为：CHEN-FANG Yumei 陈方玉梅

6. 公民护照上的人名，可以把姓和名的所有字母全部大写，双姓之间可以不加连接号，声调符号、隔音符号可以省略。例如：

Liú Chàng 拼写为：LIU CHANG 刘畅

Zhōu Jiànjūn 拼写为：ZHOU JIANJUN 周建军

Zhào-Lǐ Shūgāng 拼写为：ZHAOLI SHUGANG 赵李书刚

Wú Xīng'ēn 拼写为：WU XINGEN 吴兴恩

7. 三音节以内不能分出姓和名的汉语人名，包括历史上已经专名化的称呼，以及笔名、艺名、法名、神名、帝王年号等，连写，开头字母大写。例如：

Kǒngzǐ 孔子（专称）　Bāogōng 包公（专称）

Xīshī 西施（专称）　Mèngchángjūn 孟尝君（专称）

Bīngxīn 冰心（笔名）　Liúshāhé 流沙河（笔名）

Hóngxiànnǚ 红线女（艺名）　Jiànzhēn 鉴真（法名）

Nézha 哪吒（神仙名）　Qiánlóng 乾隆（帝王年号）

8. 四音节以上不能分出姓和名的人名，如代称、雅号、神仙名等，按语义结构或语音节律分写，各分开部分开头字母大写。例如：

Dōngguō Xiānsheng 东郭先生（代称）

Liǔquán Jūshì 柳泉居士（雅号 蒲松龄）

Jiànhú Nǚxiá 鉴湖女侠（雅号 秋瑾）

Tàibái Jīnxīng 太白金星（神仙名）

附录四　中文书刊名称汉语拼音拼写法

1. 主题内容与适用范围

本标准规定了用汉语拼音拼写我国出版的中文书刊名称的方法。本标准适用于我国正式出版的中文书刊名称的汉语拼音的拼写，也适用于文献资料的信息处理。

国内出版的中文书刊应依照本标准的规定,在封面,或扉页,或封底,或版权页上加注汉语拼音书名、刊名。

2. 术语

汉语拼音正词法:用《汉语拼音方案》拼写现代汉语的规则。《汉语拼音方案》确定了音节的拼写规则。汉语拼音正词法是在《汉语拼音方案》的基础上进一步规定词的拼写方法。

3. 拼写规则

以词为拼写单位,并适当考虑语音、词义等因素,同时考虑词形长短适度。

4. 拼写参考文献

4.1 《汉语拼音正词法基本规则》国家教育委员会、国家语言文字工作委员会 1988 年 7 月联合公布。

4.2 《现代汉语词典》、《汉语拼音词汇》、《汉英词典》

5. 拼写规则

5.1 中文书刊名称拼写基本上以词为书写单位。每个词第一个字母要大写。因设计需要,也可以全用大写。

子夜 Ziye

珍珠 Zhenzhu

长城恋 Changcheng Lian

新工具 Xin Gongju

中国青年 Zhongguo Qingnian

人民日报 Renmin Ribao

幼儿小天地 You'er Xiao Tiandi

行政法概论 Xingzhengfa Gailun

人口经济学 Renkou Jingjixue

散文创作艺术 Sanwen Chuangzuo Yishu

5.2 结合紧密的双音节和三音节的结构(不论词或词组)连写。

海囚 Haiqiu

军魂 Junhun

地火 Dihuo

红楼梦 Hongloumeng

爆破工 Baopogong

资本论 Zibenlun

5.3 四音节以上的表示一个整体概念的名称按词(或语节)分开写,不能按词或语节划分的,全部连写。

线性代数 Xianxing Daishu

汽油发电机 Qiyou Fadianji

中华人民共和国森林法 Zhonghua Renmin Gongheguo Senlinfa

高压架空送电线路机械设计 Gaoya Jiakong Songdian Xianlu Jixie Sheji

微积分学 Weijifenxue

极限环论 Jixianhuanlun

非平衡态统计力学 Feipinghengtai Tongji Lixue

5.4　名词与单音节前加成分和单音节后加成分,连写。

超声波 Chaoshengbo　　现代化 Xiandaihua

5.5　虚词与其他语词分写,小写。因设计需要,也可以大写。

水的世界 Shui de Shijie　　大地之歌 Dadi zhi Ge

功和能 Gong he Neng　　红与黑 Hong yu Hei

5.6　并列结构、缩略语等可以用短横。

秦汉史 Qin-Han Shi

英汉词典 Ying-Han Cidian

袖珍真草隶篆四体百家姓 Xiuzhen Zhen-cao-li-zhuan Si Ti Baijiaxing

北京大学和五四运动 Beijing Daxue he Wu-si Yundong

环保通讯 Huan-bao Tongxun

中共党史讲义 Zhong-Gong Dangshi Jiangyi

5.7　汉语人名按姓和名分写,姓和名开头字母大写。笔名、别名等,按姓名写法处理。

茅盾全集 Mao Dun Quanji

巴金研究专集 Ba Jin Yanjiu Zhuanji

沈从文文集 Shen Congwen Wenji

盖叫天表演艺术 Gai Jiaotian Biaoyan Yishu

已经专名化的称呼,连写,开头大写。

庄子译注 Zhuangzi Yizhu　　小包公 Xiao Baogong

5.8　汉语地名专名和通名分写,每一分写部分的第一个字母大写。

江苏省地图 Jiangsu Sheng Ditu

九华山 Jiuhua Shan

话说长江 Huashuo Chang Jiang

5.9　某些地名可用中国地名委员会认可的特殊拼法。

陕西日报 Shaanxi Ribao

5.10　书刊名称中的中国少数民族和外国的人名、地名可以按原文的拉丁字母拼法拼写,也可以按汉字注音拼写。

成吉思汗的故事 Chengjisihan de Gushi

附录

怀念班禅大师 Huainian Banchan Dashi

铁托选集 Tietuo Xuanji

居里夫人传 Juli Furen Zhuan

威廉·李卜克内西传 Weilian Libukeneixi Zhuan

在伊犁 Zai Yili

拉萨游记 Lasa Youji

巴黎圣母院 Bali Shengmuyuan

维也纳的旋律 Weiyena de Xuanlü

5.11　数词十一到九十九之间的整数,连写。

十三女性 Shisan Nüxing

财政工作三十五年 Caizheng Gongzuo Sanshiwu Nian

六十年目睹怪现状 Liushi Nian Mudu Guai Xianzhuang

黄自元楷书九十二法 Huang Ziyuan Kaishu Jiushi'er Fa

5.12　"百""千""亿"与前面的个位数,连写;"万""亿"与前面的十位以上的数,分写。

美国二百年大事记 Meiguo Erbai Nian Dashiji

一千零一夜 Yiqian Ling Yi Ye

十万个为什么 Shi Wan Ge Weishenme

5.13　表示序数的"第"与后面的数词中间,加短横。

第二国际史 Di-er Guoji Shi

第三次浪潮 Di-san Ci Langchao

5.14　数词和量词分写。

一条鱼 Yi Tiao Yu

两个小伙子 Liang Ge Xiaohuozi

5.15　阿拉伯数字和外文字母照写。

赠给18岁诗人 Zenggei 18 Sui Shiren

1979—1980中篇小说选集 1979—1980 Zhongpian Xiaoshuo Xuanji

BASIC语言 BASIC Yuyan

IBM-PC(0520)微型机系统介绍 IBM-PC(0520) Weixingji Xitong Jieshao

5.16　中文书刊的汉语拼音名称一律横写。

附录五　普通话异读词审音表（修订稿）
（2016年5月）

一、本表为《普通话异读词审音表》（1985年）的修订版。

二、本表条目按照异读音节的音序排列。

三、审音以异读词（包括单音节词和多音节词）为对象。例如：名物义"瓦"没有异读，动作义存在 wǎ、wà 两读，本表只对动作义"瓦"的读音进行审订。"装订"有 zhuāng dīng 和 zhuāng dìng 两读，是审音对象；"订单、预订"等词没有异读，不审。

四、不审订是否轻声、是否儿化，原表涉及轻声、儿化的条目除外。

五、不审订人名、地名等专有名词的读音，原表涉及人名、地名的条目除外。

六、条目后注明"统读"的，表示涉及此字的所有词语均读此音。例如：熏 xūn（统读），表示"熏香、烟熏、熏陶、煤气熏着了"等中的"熏"都读 xūn。

七、有些条目涉及文白异读，本表以"文"和"语"作注。前者一般用于书面语，后者一般用于口语。这种情况在必要时各举词例。例如：剥 bō（文），bāo（语），表示在"剥削"等书面复合词中读 bō，在"剥皮儿"等口语单用时读 bāo。

八、有些异读涉及词义区别，酌加简单说明，以便读者分辨。例如：泊（一）bó 停留、平静；停泊、泊车、淡泊、飘泊；（二）pō 湖泊义：湖泊、血泊。

九、个别条目中的"旧读""口语也读"等括注，表示在推荐读音之外读古书或口语等特定范围内实际存在的常见读音。

十、此次修订基于以下原则：

1. 以北京语音系统为审音依据。

2. 充分考虑北京语音发展趋势，同时适当参考在官话及其他方言区中的通行程度。

3. 以往审音确定的为普通话使用者广泛接受的读音，保持稳定。

4. 尽量减少没有别义作用或语体差异的异读。

5. 在历史理据和现状调查都不足以硬性划一的情况下暂时保留异读并提出推荐读音。

原审音表	新审订
a	
阿(一)ā ～訇　～罗汉　～木林　～姨 (二)ē ～谀　～附　～胶　～弥陀佛	
挨(一)āi ～个　～近 (二)ái ～打　～说	
癌 ái （统读）	
霭 ǎi （统读）	
蔼 ǎi （统读）	
隘 ài （统读）	
谙 ān （统读）	
埯 ǎn （统读）	
昂 áng （统读）	
凹 āo （统读）	
拗(一)ào ～口 (二)niù 执～　脾气很～	
坳 ào （统读）	
B	
拔 bá （统读）	
把 bà 印～子	
白 bái （统读）	
	拜 bái ～～(再见;分手)
膀 bǎng 翅～	

续表

原审音表	新审订
蚌(一)bàng 蛤~ (二)bèng ~埠	
傍 bàng （统读）	
磅 bàng 过~	
鲍 bāo （统读）	
胞 bāo （统读）	
薄(一)báo(语) 常单用,如"纸很~"。 (二)bó(文) 多用于复音词。 ~弱 稀~ 淡~ 尖嘴~舌 单~ 厚~	薄(一)báo(语) 常单用,如"纸很~、厚~不均"。 (二)bó(文) 多用于复音词。 ~弱 稀~ 淡~ 尖嘴~舌 单~ 厚~
堡(一)bǎo 碉~ ~垒 (二)bǔ ~子 吴~ 瓦窑~ 柴沟~ (三)pù 十里~	
暴(一)bào ~露 (二)pù 一~(曝)十寒	
爆 bào （统读）	
焙 bèi （统读）	
惫 bèi （统读）	
背 bèi ~脊 ~静	
鄙 bǐ （统读）	

续表

原审音表	新审订
俾 bǐ （统读）	
笔 bǐ （统读）	
比 bǐ （统读）	
臂（一）bì 手~　~膀 （二）bei 胳~	
庇 bì （统读）	
髀 bì （统读）	
避 bì （统读）	
辟 bì 复~	
裨 bì ~补　~益	
婢 bì （统读）	
痹 bì （统读）	
壁 bì （统读）	
蝙 biān （统读）	
遍 biàn （统读）	
骠（一）biāo 黄~马 （二）piào ~骑　~勇	
傧 bīn （统读）	
缤 bīn （统读）	
濒 bīn （统读）	
髌 bìn （统读）	
屏（一）bǐng ~除　~弃　~气　~息 （二）píng ~藩　~风	

续表

原审音表	新审订
柄 bǐng（统读）	
波 bō（统读）	
播 bō（统读）	
菠 bō（统读）	
剥（一）bō（文） ～削 （二）bāo（语）	
泊（一）bó 淡～ 飘～ （二）pō 湖～ 血～	泊（一）bó（停留、平静） 停～ ～车 淡～ 飘～ （二）pō 湖～ 血～
帛 bó（统读）	
勃 bó（统读）	
铂 bó（统读）	
伯（一）bó ～～（bo） 老～ （二）bǎi 大～子（丈夫的哥哥）	伯（一）bó ～～（bo） 老～ （二）bāi 大～子（丈夫的哥哥）
箔 bó（统读）	
簸（一）bǒ 颠～ （二）bò ～箕	
膊 bo 胳～	
卜 bo 萝～	
醭 bú（统读）	
哺 bǔ（统读）	
捕 bǔ（统读）	

续表

原审音表	新审订
鹁 bó（统读）	
埠 bù（统读）	
C	
残 cán（统读）	
惭 cán（统读）	
灿 càn（统读）	
藏（一）cáng 矿~ （二）zàng 宝~	藏（一）cáng 矿~ 库~（丰富） （二）zàng 宝~ 大~经
糙 cāo（统读）	
嘈 cáo（统读）	
螬 cáo（统读）	
厕 cè（统读）	
岑 cén（统读）	
差（一）chā（文） 不~ 累黍 不~什么 偏~ 色~ ~别 视~ 误~ 电势~ 一念之~ ~池 ~错 言~语错 一~二错 阴错阳~ ~等 ~额 ~价 ~强人意 ~数 ~异 （二）chà（语） ~不多 ~不离 ~点儿 （三）cī 参~	差（一）chā（文） 不~累黍 偏~ 色~ ~别 视~ 误~ 电势~ 一念之~ ~池 ~错 言~语错 一~二错 阴错阳~ ~等 ~额 ~价 ~强人意 ~数 ~异 （二）chà（语） 不~什么 ~不多 ~不离 ~点儿 （三）cī 参~
猹 chá（统读）	
搽 chá（统读）	
阐 chǎn（统读）	
羼 chàn（统读）	
颤（一）chàn ~动 发~ （二）zhàn ~栗（战栗） 打~（打战）	颤（一）chàn（统读） （"战栗、打战"不写作"颤"）

续表

原审音表	新审订
羼 chàn（统读）	
伥 chāng（统读）	
场(一)chǎng ~合 ~所 冷~ 捧~ (二)cháng 外~ 圩~ ~院 一~雨 (三)chang 排~	场(一)chǎng ~合 ~所 冷~ 捧~ 外~ 圩~ 一~大雨 (二)cháng ~院 (三)chang 排~
钞 chāo（统读）	
巢 cháo（统读）	
嘲 cháo ~讽 ~骂 ~笑	
耖 chào（统读）	
车(一)chē 安步当~ 杯水~薪 闭门造~ 螳臂当~ (二)jū（象棋棋子名称）	
晨 chén（统读）	
称 chèn ~心 ~意 ~职 对~ 相~	
撑 chēng（统读）	
乘（动作义,念 chéng） 包~ 制~ ~便 ~风破浪 ~客 ~势 ~兴	乘(一)chéng（动作义） 包~ 制~ ~便 ~风破浪 ~客 ~势 ~兴 （佛教术语）大~ 小~ 上~ (二)shèng（名物义） 千~之国
橙 chéng（统读）	
惩 chéng（统读）	
澄(一)chéng（文） ~清（如"~清混乱、~清问题"） (二)dèng（语） 单用,如"把水~清了、澄沙"。	

续表

原审音表	新审订
痴 chī （统读）	
吃 chī （统读）	
弛 chí （统读）	
褫 chǐ （统读）	
尺 chǐ ～寸　～头	
豉 chǐ （统读）	
侈 chǐ （统读）	
炽 chì （统读）	
春 chōng （统读）	
冲 chòng ～床　～模	
臭(一)chòu 遗～万年 (二)xiù 乳～　铜～	
储 chǔ （统读）	
处 chǔ （动作义） ～罚　～分　～决　～理　～女　～置	
畜(一)chù(名物义) ～力　家～　牲～　幼～ (二)xù(动作义) ～产　～牧　～养	畜(一)chù(名物义) ～力　家～　牲～　幼～　～类 (二)xù(动作义) ～产　～牧　～养
触 chù （统读）	
搐 chù （统读）	
绌 chù （统读）	
黜 chù （统读）	
闯 chuǎng （统读）	
创(一)chuàng 草～　～举　首～　～造　～作 (二)chuāng ～伤　重～	

续表

原审音表	新审订
绰（一）chuò ～～有余 （二）chuo 宽～	
疵 cī （统读）	
雌 cí （统读）	
赐 cì （统读）	
伺 cì ～候	
枞（一）cōng ～树 （二）zōng ～阳〔地名〕	
从 cóng （统读）	
丛 cóng （统读）	
攒 cuán 万头～动　万箭～心	
脆 cuì （统读）	
撮（一）cuō ～儿　一～儿盐　一～儿匪帮 （二）zuǒ 一～儿毛	
措 cuò （统读）	
D	
搭 dā （统读）	
答（一）dá 报～　～复 （二）dā ～理　～应	
打 dá 苏～　一～（十二个）	

续表

原审音表	新审订
大 (一) dà ~夫(古官名)　~王(如"爆破~王、钢铁~王") (二) dài ~夫(医生)　~黄　~王(如"山~王")　~城〔地名〕	大 (一) dà ~夫(古官名)　~王(如"爆破~王、钢铁~王") ~黄 (二) dài ~夫(医生)　~王(如"山~王")
呆 dāi　(统读)	
傣 dǎi　(统读)	
逮 (一) dài(文)如"~捕"。 (二) dǎi(语)单用,如"~蚊子、~特务"。	
当 (一) dāng ~地　~间儿　~年(指过去)　~日(指过去) ~天(指过去)　~时(指过去) (二) dàng 一个~俩　安步~车　适~　~年(同一年) ~日(同一时候)　~天(同一天)	当 (一) dāng ~地　~间儿　~年(指过去)　~日(指过去) ~天(指过去)　~时(指过去) (二) dàng 一个~俩　安步~车　适~　勾~　~年(同一年)　~日(同一时候)　~天(同一天)
档 dàng　(统读)	
蹈 dǎo　(统读)	
导 dǎo　(统读)	
倒 (一) dǎo 颠~　颠~是非　颠~黑白　颠三~四　倾箱~箧　排山~海　~板　~嚼　~仓　~嗓　~戈　~潦~ (二) dào ~粪(把粪弄碎)	倒 (一) dǎo 颠~　颠~是非　颠~黑白　颠三~四　倾箱~箧　排山~海　~板　~嚼　~仓　~嗓　~戈　~潦~ (二) dào ~粪(翻动粪肥)
悼 dào　(统读)	
纛 dào　(统读)	
凳 dèng　(统读)	
羝 dī　(统读)	
氐 dī　〔古民族名〕	
堤 dī　(统读)	
提 dī ~防	

续表

原审音表	新审订
的 dí ～当　～确	的(一) dī 打～ (二) dí ～当　～确
抵 dǐ （统读）	
蒂 dì （统读）	
缔 dì （统读）	
谛 dì （统读）	
跌 diē （统读）	
蝶 dié （统读）	
订 dìng （统读）	
都(一) dōu ～来了 (二) dū ～市　首～　大～(大多)	
堆 duī （统读）	
吨 dūn （统读）	
盾 dùn （统读）	
多 duō （统读）	
咄 duō （统读）	
掇(一) duō("拾取、采取"义) (二) duo 撺～　掇～	
裰 duō （统读）	
踱 duó （统读）	
度 duó 忖～　～德量力	
E	
婀 ē （统读）	

续表

原审音表	新审订
F	
伐 fá （统读）	
阀 fá （统读）	
砝 fǎ （统读）	
法 fǎ （统读）	
发 fà 理~ 脱~ 结~	
帆 fān （统读）	
藩 fān （统读）	
梵 fàn （统读）	
坊（一）fāng 牌~ ~巷 （二）fáng 粉~ 磨~ 碾~ 染~ 油~ 谷~	
妨 fáng （统读）	
防 fáng （统读）	
肪 fáng （统读）	
沸 fèi （统读）	
汾 fén （统读）	
讽 fěng （统读）	
肤 fū （统读）	
敷 fū （统读）	
俘 fú （统读）	
浮 fú （统读）	
服 fú ~毒 ~药	
拂 fú （统读）	
辐 fú （统读）	
幅 fú （统读）	

续表

原审音表	新审订
甫 fǔ （统读）	
复 fù （统读）	
缚 fù （统读）	
G	
噶 gá （统读）	
冈 gāng （统读）	
刚 gāng （统读）	
岗 gǎng ~楼　~哨　~子　门~　站~　山~子	
港 gǎng （统读）	
葛(一) gé ~藤　~布　瓜~ (二) gě〔姓〕(包括单、复姓)	葛 gě 〔统读〕
隔 gé （统读）	
革 gé ~命　~新　改~	
合 gě (一升的十分之一)	
给(一) gěi(语) 单用。 (二) jǐ(文) 补~　供~　供~制　~予　配~　自~自足	
亘 gèn （统读）	
更 gēng 五~　~生	
供(一) gōng ~给　提~　~销 (二) gòng 口~　翻~　上~	
佝 gōu （统读）	
枸 gǒu ~杞	

续表

原审音表	新审订
勾 gòu ～当	
估(除"～衣"读 gù 外,都读 gū)	
骨(除"～碌、～朵"读 gū 外,都读 gǔ)	
谷 gǔ ～雨	
锢 gù （统读）	
冠(一) guān(名物义) ～心病 (二) guàn(动作义) 沐猴而～　～军	
犷 guǎng （统读）	
庋 guǐ （统读）	
	匮 guì(同"柜") 石室金～　《金～要略》
桧 (一) guì [树名] (二) huì [人名] 秦～	
刽 guì （统读）	
聒 guō （统读）	
蝈 guō （统读）	
过(除姓氏读 guō 外,都读 guò)	
H	
虾 há ～蟆	
哈(一) hǎ ～达 (二) hà ～什蚂	哈 hā(除姓氏和"哈达"的"哈"读 hǎ 外,都读 hā)
汗 hán 可～	

续表

原审音表	新审订
巷 hàng ~道	
号 háo 寒~虫	
和(一)hè 唱~ 附~ 曲高~寡 (二)huo 搀~ 搅~ 暖~ 热~ 软~	和(一) hè 唱~ 附~ 曲高~寡 (二)huo 掺~ 搅~ 暖~ 热~ 软~
貉(一)hé(文) 一丘之~ (二)háo(语) ~绒 ~子	
壑 hè (统读)	
褐 hè (统读)	
喝 hè ~采 ~道 ~令 ~止 呼幺~六	
鹤 hè (统读)	
黑 hēi (统读)	
亨 hēng (统读)	
横(一)héng ~肉 ~行霸道 (二)hèng 蛮~ ~财	
訇 hōng (统读)	
虹(一)hóng(文) ~彩 ~吸 (二)jiàng(语) 单说。	虹 hóng (统读) (口语单说也读 jiàng)
讧 hòng (统读)	
囫 hú (统读)	
瑚 hú (统读)	

续表

原审音表	新审订
蝴 hú （统读）	
桦 huà （统读）	
徊 huái （统读）	
踝 huái （统读）	
浣 huàn （统读）	
黄 huáng （统读）	
荒 huang 饥~(指经济困难)	
诲 huì （统读）	
贿 huì （统读）	
会 huì 一~儿　多~儿　~厌(生理名词)	
混 hùn ~合　~乱　~凝土　~淆　~血儿　~杂	
蠖 huò （统读）	
霍 huò （统读）	
豁 huò ~亮	
获 huò （统读）	
J	
羁 jī （统读）	
击 jī （统读）	
奇 jī ~数	
芨 jī （统读）	
缉(一)jī 通~　侦~ (二)qī ~鞋口	

续表

原审音表	新审订
几 jī 茶~　条~	几 jī 茶~　条~　~乎
圾 jī（统读）	
戟 jī（统读）	
疾 jī（统读）	
汲 jí（统读）	
棘 jí（统读）	
藉 jí 狼~（籍）	
嫉 jí（统读）	
脊 jí（统读）	
纪(一) jǐ〔姓〕 (二) jì	统读 jì （纪姓旧读 jǐ）
偈 jì ~语	
绩 jì（统读）	
迹 jì（统读）	
寂 jì（统读）	
箕 jī 簸~	
辑 jí 逻~	
茄 jiā 雪~	
夹 jiā ~带藏掖　~道儿　~攻　~棍　~生　~杂 ~竹桃　~注	夹 jiā (除夹层、双层义读 jiá，如"~袄、~衣"，其余义读 jiā)
浃 jiā（统读）	
甲 jiǎ（统读）	

续表

原审音表	新审订
歼 jiān （统读）	
鞯 jiān （统读）	
间（一）jiān ~不容发　中~ （二）jiàn 中~儿　~道　~谍　~断　~或　~接　~距 ~隙　~续　~阻　~作　挑拨离~	
趼 jiǎn （统读）	
俭 jiǎn （统读）	
缰 jiāng （统读）	
膙 jiǎng （统读）	
嚼（一）jiáo（语） 味同~蜡　咬文~字 （二）jué（文） 咀~　过屠门而大~ （三）jiào 倒~（倒嚼）	
侥 jiǎo ~幸	
角（一）jiǎo 八~（大茴香）　~落　独~戏　~膜　~度 ~儿（犄~）　~楼　勾心斗~　~号　口~（嘴~） 鹿~菜　头~ （二）jué ~斗　~儿（脚色）　口~（吵嘴）　主~儿　配~儿 ~力　捧~儿	
脚（一）jiǎo 根~ （二）jué ~儿（也作"角儿"，脚色）	
剿（一）jiǎo 围~ （二）chāo ~说　~袭	

续表

原审音表	新审订
校 jiào ~勘 ~样 ~正	
较 jiào（统读）	
酵 jiào（统读）	
嗟 jiē（统读）	
疖 jiē（统读）	
结(除"~了个果子、开花~果、~巴、~实"念 jiē 之外,其他都念 jié)	
睫 jié（统读）	
芥(一)jiè ~菜(一般的芥菜) ~末 (二)gài ~菜(也作"盖菜") ~蓝菜	芥 （统读）jiè
矜 jīn ~持 自~ ~怜	
仅 jǐn ~~ 绝无~有	
谨 jǐn（统读）	
觐 jìn（统读）	
浸 jìn（统读）	
斤 jin 千~(起重的工具)	（此条删除）
茎 jīng（统读）	
粳 jīng（统读）	粳 gēng（统读）
鲸 jīng（统读）	
颈 gěng 脖~子	颈 jǐng（统读） ("脖梗子"不写作"脖颈子")
境 jìng（统读）	
痉 jìng（统读）	

续表

原审音表	新审订
劲 jìng 刚~	
窘 jiǒng（统读）	
究 jiū（统读）	
纠 jiū（统读）	
鞠 jū（统读）	
鞫 jū（统读）	
掬 jū（统读）	
苴 jū（统读）	
咀 jǔ ~嚼	
矩（一）jǔ ~形 （二）ju 规~	
俱 jù（统读）	
龟 jūn ~裂（也作"皲裂"）	
菌（一）jūn 细~ 病~ 杆~ 霉~ （二）jùn 香~ ~子	
俊 jùn（统读）	
K	
卡（一）kǎ ~宾枪 ~车 ~介苗 ~片 ~通 （二）qiǎ ~子 关~	
揩 kāi（统读）	
慨 kǎi（统读）	

续表

原审音表	新审订
忾 kài （统读）	
勘 kān （统读）	
看 kān ～管　～护　～守	
慷 kāng （统读）	
拷 kǎo （统读）	
坷 kē ～拉(垃)	
疴 kē （统读）	
壳（一）ké(语) ～儿　贝～儿　脑～　驳～枪 （二）qiào(文) 地～　甲～　躯～	壳 ké （除"地壳、金蝉脱壳"中的"壳"读 qiào 外，其余读为 ké）
可（一）kě ～～儿的 （二）kè ～汗	
恪 kè （统读）	
刻 kè （统读）	
克 kè ～扣	
空（一）kōng ～心砖　～城计 （二）kòng ～心吃药	
眍 kōu （统读）	
矻 kū （统读）	
酷 kù （统读）	
框 kuàng （统读）	
矿 kuàng （统读）	
傀 kuǐ （统读）	

续表

原审音表	新审订
溃(一)kuì ~烂 (二)huì ~脓	
篑 kuì （统读）	
括 kuò （统读）	
L	
垃 lā （统读）	
邋 lā （统读）	
罱 lǎn （统读）	
缆 lǎn （统读）	
蓝 lan 苤~	
琅 láng （统读）	
捞 lāo （统读）	
劳 láo （统读）	
醪 láo （统读）	
烙(一)lào ~印　~铁　~饼 (二)luò 炮~（古酷刑）	
勒(一)lè(文) ~逼　~令　~派　~索　悬崖~马 (二)lēi(语) 多单用。	
擂（除"~台、打~"读 lèi 外,都读 léi)	
礌 léi （统读）	
羸 léi （统读）	
蕾 lěi （统读）	

续表

原审音表	新审订
累(一)lèi(辛劳义,如"受~"〔受劳~〕) (二)léi(如"~赘") (三)lèi(牵连义,如"带~、~及、连~、赔~、牵~、受~")	累(一)lèi(辛劳义、牵连义) 劳~ 受~ 带~ ~及 连~ 牵~ (二)léi ~赘 (三)lěi(积累义、多次义) ~积 ~教不改 硕果~~ 罪行~~
蠡(一)lí 管窥~测 (二)lǐ ~县 范~	
喱lí（统读）	
连lián（统读）	
敛liǎn（统读）	
恋liàn（统读）	
量(一)liàng ~入为出 忖~ (二)liang 打~ 掂~	
踉liàng ~跄	
潦liáo ~草 ~倒	
劣liè（统读）	
捩liè（统读）	
趔liè（统读）	
拎līn（统读）	
遴lín（统读）	

续表

原审音表	新审订
淋(一)lín ~浴　~漓　~巴 (二)lìn ~硝　~盐　~病	
蛉 líng （统读）	
榴 liú （统读）	
馏(一)liú(文) 如"干~、蒸~"。 (二)liù(语) 如"~馒头"。	
镏 liú ~金	
碌 liù ~碡	
笼(一)lóng(名物义) ~子　牢~ (二)lǒng(动作义) ~络　~括　~统　~罩	
偻(一)lóu 佝~ (二)lǚ 伛~	
瞜 lou 眍~	
屡 lǚ （统读）	
捋 lǚ （统读）	
露(一)lù(文) 赤身~体　~天　~骨　~头角　藏头~尾 抛头~面　~头(矿) (二)lòu(语) ~富　~苗　~光　~相　~马脚　~头	

续表

原审音表	新审订
栌 lú （统读）	
捋(一) lǚ ～胡子 (二) luō ～袖子	
绿(一) lǜ(语) (二) lù(文) ～林　鸭～江	
挛 luán　（统读）	
孪 luán　（统读）	
掠 lüè　（统读）	
囵 lún　（统读）	
络 luò ～腮胡子	
落(一) luò(文) ～膘　～花生　～魄　涨～　～槽　着～ (二) lào(语) ～架　～色　～炕　～枕　～儿　～子(一种曲艺) (三) là(语)(遗落义) 丢三～四　～在后面	
M	
脉(除"～～"念 mòmò 外,一律念 mài)	
漫 màn　（统读）	
蔓(一) màn(文) ～延　不～不枝 (二) wàn(语) 瓜～　压～	
牤 māng　（统读）	
氓 máng 流～	

续表

原审音表	新审订
芒 máng （统读）	
铆 mǎo （统读）	
瑁 mào （统读）	
虻 méng （统读）	
盟 méng （统读）	
祢 mí （统读）	
眯（一）mí ～了眼（灰尘等入目，也作"迷"） （二）mī ～了一会儿（小睡） ～缝着眼（微微合目）	
靡（一）mí ～费 （二）mǐ 风～ 委～ 披～	靡 mí（统读）
秘（除"～鲁"读 bì 外，都读 mì）	
泌（一）mì（语） 分～ （二）bì（文） ～阳〔地名〕	
娩 miǎn （统读）	
缈 miǎo （统读）	
皿 mǐn （统读）	
闽 mǐn （统读）	
茗 míng （统读）	
酩 mǐng （统读）	
谬 miù （统读）	
摸 mō （统读）	
模（一）mó ～范 ～式 ～型 ～糊 ～特儿 ～棱两可 （二）mú ～子 ～具 ～样	

续表

原审音表	新审订
膜 mó（统读）	
摩 mó 按~ 抚~	
嬷 mó（统读）	
墨 mò（统读）	
耱 mò（统读）	
沫 mò（统读）	
缪 móu 绸~	
N	
难（一）nán 困~（或变轻声） ~兄~弟（难得的兄弟，现多用作贬义） （二）nàn 排~解纷 发~ 刁~ 责~ ~兄~弟（共患难或同受苦难的人）	
蝻 nǎn（统读）	
蛲 náo（统读）	
讷 nè（统读）	
馁 něi（统读）	
嫩 nèn（统读）	
恁 nèn（统读）	
妮 nī（统读）	
拈 niān（统读）	
鲇 nián（统读）	
酿 niàng（统读）	
尿（一）niào 糖~症 （二）suī（只用于口语名词） 尿(niào)~ ~脬	

续表

原审音表	新审订
嗫 niè（统读）	
宁(一) níng 安~ (二) nìng ~可 无~〔姓〕	
忸 niǔ（统读）	
脓 nóng（统读）	
弄(一) nòng 玩~ (二) lòng ~堂	
暖 nuǎn（统读）	
衄 nǜ（统读）	
疟(一) nüè(文) ~疾 (二) yào(语) 发~子	
娜(一) nuó 婀~ 袅~ (二) nà (人名)	
O	
殴 ōu（统读）	
呕 ǒu（统读）	
P	
杷 pá（统读）	
琶 pá（统读）	
牌 pái（统读）	
排 pǎi ~子车	

续表

原审音表	新审订
迫 pǎi ~击炮	
湃 pài（统读）	
爿 pán（统读）	
胖 pán 心广体~（~为安舒貌）	胖（一）pán 心广体~（安舒义） （二）pàng 心宽体~（发胖义）
蹒 pán（统读）	
畔 pàn（统读）	
乓 pāng（统读）	
滂 pāng（统读）	
胖 pāo（统读）	
胚 pēi（统读）	
喷（一）pēn ~嚏 （二）pèn ~香 （三）pen 嚏~	
澎 péng（统读）	
坯 pī（统读）	
披 pī（统读）	
匹 pǐ（统读）	
僻 pì（统读）	
譬 pì（统读）	
片（一） piàn ~子 唱~ 画~ 相~ 影~ ~儿会 （二）piān（口语一部分词） ~子 ~儿 唱~儿 画~儿 相~儿 影~儿	

续表

原审音表	新审订
剽 piāo （统读）	剽（一）piáo ～窃 （二）piào ～悍
缥 piāo ～缈（飘渺）	
撇 piē ～弃	
聘 pìn （统读）	
乒 pīng （统读）	
颇 pō （统读）	
剖 pōu （统读）	
仆（一）pū 前～后继 （二）pú ～从	
扑 pū （统读）	
朴（一）pǔ 俭～　～素　～质 （二）pō ～刀 （三）pò ～硝　厚～	
蹼 pǔ （统读）	
瀑 pù ～布	
曝（一）pù 一～十寒 （二）bào ～光（摄影术语）	

续表

原审音表	新审订
Q	
栖 qī 两~	
戚 qī （统读）	
漆 qī （统读）	
期 qī （统读）	
蹊 qī ~跷	
蛴 qí （统读）	
畦 qí （统读）	
其 qí （统读）	
骑 qí （统读）	
企 qǐ （统读）	
绮 qǐ （统读）	
杞 qǐ （统读）	
憩 qì （统读）	
洽 qià （统读）	
签 qiān （统读）	
潜 qián （统读）	
荨(一)qián(文) ~麻 (二)xún(语) ~麻疹	荨 xún （统读）
嵌 qiàn （统读）	
欠 qian 打哈~	
戕 qiāng （统读）	
镪 qiāng ~水	

续表

原审音表	新审订
强(一)qiáng ~渡 ~取豪夺 ~制 博闻~识 (二)qiǎng 勉~ 牵~ ~词夺理 ~迫 ~颜为笑 (三)jiàng 倔~	强(一)qiáng ~渡 ~取豪夺 ~制 博闻~识 ~迫 (二)qiǎng 勉~ 牵~ ~词夺理 ~颜为笑 (三)jiàng 倔~
襁 qiǎng （统读）	
跄 qiàng （统读）	
悄(一)qiāo ~~儿的 (二)qiǎo ~默声儿的	
橇 qiāo （统读）	
翘(一)qiào(语) ~尾巴 (二)qiáo(文) ~首 ~楚 连~	
怯 qiè （统读）	
挈 qiè （统读）	
趄 qie 趔~	
侵 qīn （统读）	
衾 qīn （统读）	
噙 qín （统读）	
倾 qīng （统读）	
亲 qìng ~家	
穹 qióng （统读）	
黢 qū （统读）	
曲(麯)qū 大~ 红~ 神~	

续表

原审音表	新审订
渠 qú（统读）	
瞿 qú（统读）	
蠼 qú（统读）	
苣 qǔ ~荬菜	
龋 qǔ（统读）	
趣 qù（统读）	
雀 què ~斑　~盲症	
R	
髯 rán（统读）	
攘 rǎng（统读）	
桡 ráo（统读）	
绕 rào（统读）	
任 rén〔姓，地名〕	
妊 rèn（统读）	
扔 rēng（统读）	
容 róng（统读）	
糅 róu（统读）	
茹 rú（统读）	
孺 rú（统读）	
蠕 rú（统读）	
辱 rǔ（统读）	
搽 ruó（统读）	
S	
靸 sǎ（统读）	
噻 sāi（统读）	
散（一）sǎn 懒~　零零~~　~漫 （二）san 零~	散（一）sǎn 懒~　零~　零零~~　~漫 （二）sàn ~开　~落　~布　~失

续表

原审音表	新审订
丧 sāng 哭~着脸	
扫(一)sǎo ~兴 (二)sào ~帚	
嗽 sòu （统读）	
色(一)sè(文) (二)shǎi(语)	
塞(一)sè(文) 动作义。 (二)sāi(语) 名物义,如"活~、瓶~";动作义,如"把洞~住"。	(一)sè(文) 如"交通堵~、堰~湖"。 (二)sāi(语) 如"活~、瓶~、把瓶口~上"。
森 sēn （统读）	
煞(一)shā ~尾　收~ (二)shà ~白	
啥 shá （统读）	
厦(一)shà(语) (二)xià(文) ~门　噶~	厦(一)shà 大~ (二)xià ~门　噶~
杉(一)shān(文) 紫~　红~　水~ (二)shā(语) ~篙　~木	杉 shān （统读）
衫 shān （统读）	
姗 shān （统读）	
苫(一)shàn(动作义) 如"~布"。 (二)shān(名物义) 如"草~子"。	苫(一)shàn(动作义) 如"~布、把屋顶~上"。 (二)shān(名物义) 如"草~子"。

续表

原审音表	新审订
墒 shāng （统读）	
猞 shē （统读）	
舍 shè 宿~	
慑 shè （统读）	
摄 shè （统读）	
射 shè （统读）	
谁 shéi，又音 shuí	
娠 shēn （统读）	
什(甚) shén ~么	
蜃 shèn （统读）	
葚（一）shèn（文） 桑~ （二）rèn（语） 桑~儿	葚 shèn （统读）
胜 shèng （统读）	
识 shí 常~ ~货 ~字	
似 shì ~的	
室 shì （统读）	
螫（一）shì（文） （二）zhē（语）	螫 shì （统读） （"蜇人"不写作"螫人"）
匙 shi 钥~	
殊 shū （统读）	
蔬 shū （统读）	
疏 shū （统读）	

续表

原审音表	新审订
叔 shū （统读）	
淑 shū （统读）	
菽 shū （统读）	
熟（一）shú（文） （二）shóu（语）	
署 shǔ （统读）	
曙 shǔ （统读）	
漱 shù （统读）	
戍 shù （统读）	
蟀 shuài （统读）	
孀 shuāng （统读）	
说 shuì 游~	说（一）shuō ~服 （二）shuì 游~　~客
数 shuò ~见不鲜	
硕 shuò （统读）	
蒴 shuò （统读）	
艘 sōu （统读）	
嗾 sǒu （统读）	
速 sù （统读）	
塑 sù （统读）	
虽 suī （统读）	
绥 suí （统读）	
髓 suǐ （统读）	
遂（一）suì 不~　毛~自荐 （二）suí 半身不~	

续表

原审音表	新审订
隧 suì （统读）	
隼 sǔn （统读）	
莎 suō ~草	
缩（一）suō 收~ （二）sù ~砂密（一种植物）	
唢 suō （统读）	
索 suǒ （统读）	

T

原审音表	新审订
趿 tā （统读）	
鳎 tǎ （统读）	
獭 tǎ （统读）	
沓（一）tà 重~ （二）ta 疲~ （三）dá 一~纸	沓（一）tà 重~ 疲~ （二）dá 一~纸
苔（一）tái(文) （二）tāi(语)	
探 tàn （统读）	
涛 tāo （统读）	
悌 tì （统读）	
佻 tiāo （统读）	
调 tiáo ~皮	

附　录

续表

原审音表	新审订
帖(一)tiē 妥~　伏伏~~　俯首~耳 (二)tiě 请~　字~儿 (三)tiè 字~　碑~	
听 tīng（统读）	
庭 tíng（统读）	
骰 tóu（统读）	
凸 tū（统读）	
突 tū（统读）	
颓 tuí（统读）	
蜕 tuì（统读）	
臀 tún（统读）	
唾 tuò（统读）	
W	
娲 wā（统读）	
挖 wā（统读）	
瓦 wà ~刀	
喎 wāi（统读）	
蜿 wān（统读）	
玩 wán（统读）	
惋 wǎn（统读）	
脘 wǎn（统读）	
往 wǎng（统读）	
忘 wàng（统读）	
微 wēi（统读）	
巍 wēi（统读）	

141

续表

原审音表	新审订
薇 wēi （统读）	
危 wēi （统读）	
韦 wéi （统读）	
违 wéi （统读）	
唯 wéi （统读）	
圩(一)wéi ～子 (二)xū ～(墟)场	
纬 wěi （统读）	
委 wěi ～靡	
伪 wěi （统读）	
萎 wěi （统读）	
尾(一)wěi ～巴 (二)yǐ 马～儿	尾(一)wěi(文) ～巴 ～部 (二)yǐ(语) ～巴 马～儿
尉 wèi ～官	
文 wén （统读）	
闻 wén （统读）	
紊 wěn （统读）	
喔 wō （统读）	
蜗 wō （统读）	
硪 wò （统读）	
诬 wū （统读）	
梧 wú （统读）	
牾 wǔ （统读）	

续表

原审音表	新审订
乌 wù ~拉(也作"靰鞡") ~拉草	
杌 wù （统读）	
鹜 wù （统读）	
X	
夕 xī （统读）	
汐 xī （统读）	
晰 xī （统读）	
析 xī （统读）	
皙 xī （统读）	
昔 xī （统读）	
溪 xī （统读）	
悉 xī （统读）	
熄 xī （统读）	
蜥 xī （统读）	
螅 xī （统读）	
惜 xī （统读）	
锡 xī （统读）	
樨 xī （统读）	
袭 xí （统读）	
檄 xí （统读）	
峡 xiá （统读）	
暇 xiá （统读）	
吓 xià 杀鸡~猴	
鲜 xiān 屡见不~ 数见不~	鲜(一)xiān 屡见不~ 数见不~ (二)xiǎn ~为人知 寡廉~耻

续表

原审音表	新审订
锨 xiān （统读）	
纤 xiān ~维	
涎 xián （统读）	
弦 xián （统读）	
陷 xiàn （统读）	
霰 xiàn （统读）	
向 xiàng （统读）	
相 xiàng ~机行事	
淆 xiáo （统读）	
哮 xiào （统读）	
些 xiē （统读）	
颉 xié ~颃	
携 xié （统读）	
偕 xié （统读）	
挟 xié （统读）	
械 xiè （统读）	
馨 xīn （统读）	
囟 xìn （统读）	
行 xíng 操~ 德~ 发~ 品~	
省 xǐng 内~ 反~ ~亲 不~人事	
芎 xiōng （统读）	
朽 xiǔ （统读）	
宿 xiù 星~ 二十八~	

续表

原审音表	新审订
煦 xù （统读）	
蓿 xu 苜~	
癣 xuǎn （统读）	
削（一）xuē(文) 剥~　~减　瘦~ （二）xiāo(语) 切~　~铅笔　~球	
穴 xué （统读）	
学 xué （统读）	
雪 xuě （统读）	
血（一）xuè(文) 用于复音词及成语，如"贫~、心~、呕心沥~、~泪史、狗~喷头"等。 （二）xiě(语) 口语多单用，如"流了点儿~"及几个口语常用词，如"鸡~、~晕、~块子"等。	血 xuě （统读） （口语单用也读 xiě）
谑 xuè （统读）	
寻 xún （统读）	
驯 xùn （统读）	
逊 xùn （统读）	
熏 xūn 煤气~着了	熏 xūn （统读）
徇 xùn （统读）	
殉 xùn （统读）	
蕈 xùn （统读）	
Y	
押 yā （统读）	
崖 yá （统读）	
哑 yǎ ~然失笑	
亚 yà （统读）	

续表

原审音表	新审订
殷 yān ~红	
芫 yán ~荽	
筵 yán （统读）	
沿 yán （统读）	
焰 yàn （统读）	
夭 yāo （统读）	
肴 yáo （统读）	
杳 yǎo （统读）	
舀 yǎo （统读）	
钥（一）yào（语） ~匙 （二）yuè（文） 锁~	
曜 yào （统读）	
耀 yào （统读）	
椰 yē （统读）	
噎 yē （统读）	
叶 yè ~公好龙	
曳 yè 弃甲~兵　摇~　~光弹	
屹 yì （统读）	
轶 yì （统读）	
谊 yì （统读）	
懿 yì （统读）	
诣 yì （统读）	
艾 yì 自怨自~	

续表

原审音表	新审订
荫 yìn （统读） ("树~、林~道"应作"树阴、林阴道")	荫(一) yīn ~蔽　~翳　林~道　绿树成~ (二) yìn 庇~　福~　~凉
应(一) yīng ~届　~名儿　~许　提出的条件他都~了 是我~下来的任务 (二) yìng ~承　~付　~声　~时　~验　~邀　~用 ~运　~征　里~外合	应 yìng (除"应该、应当"义读 yīng 外,其他读 yìng) ~届　~名儿　~许　~承　~付　~声　~验 ~用　~运　里~外合
萦 yíng （统读）	
映 yìng （统读）	
佣 yōng ~工	佣 yōng (除"佣人"读 yòng 外都读 yōng) 雇~　女~　~金
庸 yōng （统读）	
臃 yōng （统读）	
壅 yōng （统读）	
拥 yōng （统读）	
踊 yǒng （统读）	
咏 yǒng （统读）	
泳 yǒng （统读）	
莠 yǒu （统读）	
愚 yú （统读）	
娱 yú （统读）	
愉 yú （统读）	
伛 yǔ （统读）	
屿 yǔ （统读）	
吁 yù 呼~	

续表

原审音表	新审订
跃 yuè（统读）	
晕(一) yūn ~倒 头~ (二) yùn 月~ 血~ ~车	晕(一) yūn(昏迷、发昏义) ~倒 头~ 血~ ~车 (二) yùn(光圈义) 月~ 红~
酝 yùn（统读）	
Z	
匝 zā（统读）	
杂 zá（统读）	
载(一) zǎi 登~ 记~ (二) zài 怨声~道 重~ 装~ ~歌~舞	载(一) zǎi 登~ 记~ 下~ (二) zài 搭~ 怨声~道 重~ 装~ ~歌~舞
簪 zān（统读）	
咱 zán（统读）	
暂 zàn（统读）	
凿 záo（统读）	
择(一) zé 选~ (二) zhái ~不开 ~菜 ~席	
贼 zéi（统读）	
憎 zēng（统读）	
甑 zèng（统读）	
喳 zhā 唧唧~~	
轧(除"~钢、~辊"念 zhá 外,其他都念 yà)	
摘 zhāi（统读）	
粘 zhān ~贴	

续表

原审音表	新审订
涨 zhǎng ~落　高~	
着(一) zháo ~慌　~急　~家　~凉　~忙　~迷　~水 ~雨 (二) zhuó ~落　~手　~眼　~意　~重　不~边际 (三) zhāo 失~	
沼 zhǎo（统读）	
召 zhào（统读）	
遮 zhē（统读）	
蛰 zhé（统读）	
辙 zhé（统读）	
贞 zhēn（统读）	
侦 zhēn（统读）	
帧 zhēn（统读）	
胗 zhēn（统读）	
枕 zhěn（统读）	
诊 zhěn（统读）	
振 zhèn（统读）	
知 zhī（统读）	
织 zhī（统读）	
脂 zhī（统读）	
植 zhí（统读）	
殖(一) zhí 繁~　生~　~民 (二) shi 骨~	殖 zhí（统读）
指 zhǐ（统读）	

续表

原审音表	新审订
掷 zhì （统读）	
质 zhì （统读）	
蛭 zhì （统读）	
秩 zhì （统读）	
栉 zhì （统读）	
炙 zhì （统读）	
中 zhōng 人~（人口上唇当中处）	
种 zhòng 点~（义同"点播"。动宾结构念 diǎnzhǒng，义为点播种子）	
诌 zhōu （统读）	
骤 zhòu （统读）	
轴 zhòu 大~子戏　压~子	
碡　zhou 碌~	
烛 zhú （统读）	
逐 zhú （统读）	
属 zhǔ ~望	
筑 zhù （统读）	
著 zhù 土~	
转 zhuǎn 运~	
撞 zhuàng （统读）	
幢（一）zhuàng 一~楼房 （二）chuáng 经~（佛教所设刻有经咒的石柱）	

续表

原审音表	新审订
拙 zhuō （统读）	
茁 zhuó （统读）	
灼 zhuó （统读）	
卓 zhuó （统读）	
综 zōng ~合	
纵 zòng （统读）	
粽 zòng （统读）	
镞 zú （统读）	
组 zǔ （统读）	
钻(一) zuān ~探 ~孔 (二) zuàn ~床 ~杆 ~具	钻(一) zuān ~孔(从孔穴中通过) ~探 ~营 ~研 (二) zuàn ~床 ~杆 ~具 ~孔(用钻头打孔) ~头
佐 zuǒ （统读）	
唑 zuò （统读）	
柞(一) zuò ~蚕 ~绸 (二) zhà ~水(在陕西)	
做 zuò （统读）	
作(除"~坊"读 zuō 外,其余都读 zuò)	作(一) zuō ~揖 ~坊 ~弄 ~践 ~死 (二) zuó ~料 (三) zuò ~孽 ~祟

附录六 汉字应用水平测试字表

说明:《汉字应用水平测试字表》总字量为5500字,分甲、乙、丙三个子表,甲表为4000字,乙表为500字,丙表为1000字。

表1 甲表(4000字)

1画
一　乙

2画
二　十　丁　厂　七　卜　八　人　入　儿
匕　几　九　刁　了　刀　力　乃　又

3画
三　于　于　亏　工　土　士　才　下　寸
大　丈　与　万　个　上　小　久　山　巾　千
乞　川　亿　门　夕　丫　么　勺　凡　丸
及　广　亡　卫　也　女　义　之　尸　己　已
巳　弓　子　乡　　　　　刃　飞　习　叉
马

4画
丰　王　开　井　天　夫　元　无　韦　云
专　丐　扎　甘　艺　木　五　支　厅　卅
不　犬　太　区　历　歹　友　尤　厄　匹
车　巨　牙　屯　戈　比　互　切　瓦　止
少　曰　日　中　贝　冈　内　水　见　午
牛　手　气　毛　壬　升　夭　长　仁　什
片　仆　化　仇　币　仍　仅　斤　爪　反
介　父　从　仓　今　凶　分　乏　公　仓
月　氏　勿　欠　风　丹　勾　乌　勾　凤
六　文　亢　方　火　为　斗　忆　计　订

附　录

户	讣	认	冗	讯	心	尹	尺	引	丑
巴	孔	队	办	以	允	予	邓	劝	双
书	毋	幻							

5画

玉	刊	未	末	示	击	打	巧	正	扑
卉	扒	功	扔	去	甘	世	艾	古	节
本	术	札	可	丙	左	厉	石	右	布
夯	戊	龙	平	灭	轧	东	卡	北	占
凸	卢	业	旧	帅	归	旦	目	且	叶

甲	申	叮	电	号	田	由	只	叭	史
央	叱	兄	叽	叼	叫	叩	叨	另	叹
冉	皿	凹	囚	四	生	矢	失	乍	禾
仨	丘	仕	付	仗	代	仙	仟	们	仪
白	仔	他	斥	瓜	乎	丛	令	用	甩

印	尔	乐	句	匆	册	卯	犯	外	处
冬	鸟	务	包	饥	主	市	立	冯	玄
闪	兰	半	汁	汀	汇	头	汉	宁	穴
它	讨	写	让	礼	讪	训	议	必	讯
记	永	司	尼	民	弗	弘	出	阡	辽

奶	奴	召	加	皮	边	孕	发	圣	对
台	矛	纠	驭	母	幼	丝			

6画

匡	邦	式	迁	刑	邢	戎	动	扛	寺
吉	扣	考	托	圳	老	巩	圾	执	扩
扪	扫	地	场	扬	耳	芋	共	芍	芒
亚	芝	朽	朴	机	权	过	亘	臣	吏
再	协	西	压	厌	戌	在	百	有	存

153

而成此吐吃	页夹贞吓因	匠夷师尧吸	夸轨尘曳吗	夺邪尖虫吆	灰尧劣曲屿	达光团屯	成迈当吕岁	列毕早同帆	死至吁吊回
岂舌伍伤伊	则竹伎价血	刚迁伏伦向	网乔优份似	肉迄曰华后	年伟伐仰行	朱传延仿舟	先乓仲伙全	丢乒件伪会	廷休任自杀
合杂各庆充	兆危多亦妄	企旬凫刘闭	众旨争齐问	爷夼色交闯	伞旭壮衣羊	创负冲次并	肌犷妆产关	肋匈冰决米	朵名庄亥灯
州忏讴讽弛	汗忙军讶设阱	污兴讯访阮	江宇讷祁诀孙	汕守许寻阵	汲宅字那阳	汛池讼迅收	汝讲论尽阪	汤讳讼导阶	农异阴
防羽级	丞观纪	奸牟驰	如欢纫	妇买巡	妃红	好驭	她纤	妈驯	戏约

7画

寿违扼坝坎	弄韧拒攻均	麦运找赤坞	玖扶批折抑	玛抚址抓抛	形坛扯扳投	进技走抡坟	戒坏抄扮坑	吞抠贡扮抗	远扰汞孝坊

154

附　录

报芽劳杏甫　把芸芯杖忑　声邯芦村求　扭苇严材权　抉芜芳杜杨　块芙苍杠李　志劫芬杆杞　壳抒芥苏极　护却芹芭巫　抖拟花克杉

辰步县吨吟　医志助呀听　丽轩吴围呐　酉连时旷员　两来呈园串　豆歼盯呕吵　吾尬旱吠困　束还肖吱男　更否坚呆邮　匡励卤里足

囤针私伸伴　吼囫秀但位　邑囵秃佑住　吧财利佐你　吭岚乱何低　呜帐我体佣　吹岗告估伶　吻岖牡邱伯　呛吮钊兵作　盼别钉每佃

返肛狄刨亩　彷肝狈邹状　役岔犹岛冻　彻邻狂灸言　近含免卵系　囱妥甸彤饮　佛谷龟条饭　伺坐肠鸠饪　皂希肘删迎　身余肚角饨

冷闷沛汾忧　这闲沭汹怀　应闰汪沧沁　齐闯弟沂沉　疗忘灼沃沈　庇冶灿汽沪　库弃灶沙沟　床辛兑沏没　亨序判沥沧　况庐羌汰泛

穷诅灵　究祀君　牢社译　宏初诏　宋补词　完评诊　快启罕　忱证诉　怅良诈　忡灾识

忌	张	改	局	迟	尾	尿	屁	层	即
妩	坠	附	阻	陈	陇	孜	阿	陆	际
邵	努	妞	妒	妨	姊	妖	妊	妙	妓
纱	纯	驱	纭	纬	鸡	矣	劲	忍
纲	驴	纺	纸	纷	纶	纵	驳	纳
纽								

8 画

孟	表	玫	现	责	青	武	环	玩	奉
坪	拐	拔	拢	拓	坯	珂	卦	抹	规
拖	势	抽	抻	押	坤	担	坦	拈	栋
抱	拂	拘	拥	拎	拆	顶	拍	者
拙		报	拧	幸	拌	拦	拉	垃	拄

其	拗	坳	拇	抬	择	拨	披	坡	招
苦	苹	茂	若	苟	昔	苯	苦	茉	取
茄	苗	直	范	苞	苑	苟	苓	英	苗
枇	柜	枢	杯	范	枝	枉	茅	苔	茎
杰	杭	构	枫	枪	松	板	析	枚	杳

枣	刺	事	卧	画	或	丧	杷	枕	述
奇	奔	奈	厕	码	矿	矾	郁	卖	雨
顷	轰	妻	垄	殴	态	奋	奄
齿	肯	歧	非	到	软	轮	斩
转	县	具	旺	尚	贤	肾	房	虎	卓
些									
味									

呸	畅	呵	昌	咕	哎	国	昆	果
呻	咀	固	典	迪	昂	呢	易	明
咛	咆	忠	鸣	咚	呱	咐	咋	咒
咏	帜	罗	帖	岩	呼	咖	呫	呢
岭	贮	购	贬	贩	账	败	凯	岷	迥
图									

乖	物	牧	牦	垂	氛	迭	知	制	钓
侉	岳	侍	佳	秉	委	季	和	秆	刮

供	使	佰	例	侠	侥	版	侄	侦	侣
侃	侧	凭	侨	佩	货	侈	佼	依	伴
帛	卑	的	迫	质	欣	征	往	爬	彼
径	所	舍	金	剑	刹	命	肴	斧	怂
爸	采	觅	受	乳	贪	念	贫	忿	瓮
肤	肺	肢	肿	胀	朋	股	肮	肪	肥
服	胁	周	剁	昏	鱼	兔	狐	忽	狗
狞	咎	备	炙	饯	饰	饱	饲	冽	变

京	享	庞	店	夜	庙	府	底	疟	疙
疚	疡	剂	卒	郊	庚	废	净	妾	盲
放	刻	育	氓	闸	闹	郑	券	卷	单
炬	炖	炒	炊	炕	炎	炉	沫	浅	法
泄	沽	河	沾	泪	沮	油	泊	沿	泡

注	泣	汀	泻	泌	泳	泥	沸	泓	沼
波	泼	泽	治	怔	怯	怵	怖	怦	性
怕	怜	怪	怡	学	宝	宗	定	宠	宜
审	宙	官	空	帘	穹	宛	实	试	郎
诗	肩	房	诙	诚	衬	衫	衩	视	祈

诛	话	诞	诡	询	诣	净	该	详	诧
建	肃	录	隶	帚	屈	居	届	刷	屈
弧	弥	弦	承	孟	陋	陌	孤	陕	降
函	限	妹	姑	姐	姓	姗	妮	始	姆
虱	迢	驾	叁	参	艰	线	练	组	绅
细	驶	织	驹	终	驻	绊	驼	绍	驿
绎	经	贯							

9画

| 契 | 贰 | 奏 | 春 | 帮 | 珑 | 玷 | 珀 | 珍 | 玲 |
| 珊 | 玻 | 毒 | 型 | 拭 | 挂 | 封 | 持 | 拷 | 拱 |

应用汉语

挑	拾	拴	政	挠	挟	城	挎	垮	项
挪	挥	按	垢	郝	括	挺	哉	拽	挡
			挖	拼	挤	挣	垫	指	垛

荐	茬	茜	革	荸	荆	甚	某	拯	垠
荟	茯	荞	茴	茵	茧	草	带	荬	巷
胡	故	荧	荤	荣	荡	茫	荒	荞	茶
柯	枯	柑	栈	标	药	南	荔	茹	荫
柿	柱	柳	栅	柏	柚	查	相	栋	柄

歪	威	咸	柬	要	勃	树	枷	柠	栏
面	砍	砚	泵	砂	砌	厚	厘	砖	研
轱	殆	殃	残	鸥	牵	奋	奎	耍	耐
战	背	韭	殄	皆	鸦	轻	轶	轴	铲
盹	昧	尝	削	省	竖	览	临	虐	点

星	映	冒	显	哑	哄	哇	眨	盼	是
虹	界	胃	趴	罚	晶	畏	昭	呢	昨
勋	骂	咽	盅	品	蚂	思	蚁	虽	虾
咤	咪	咩	咳	咬	哆	哈	响	咱	哗
骨	贴	贻	贱	罚	峡	炭	峙	哟	哪

钩	钦	钥	钠	钢	钟	钞	钝	钙	幽
氢	氟	毡	矩	看	拜	缸	卸	钮	钩
科	秋	种	香	秕	秒	适	选	牲	怎
修	顺	贷	俩	段	便	竿	竿	复	重
信	俘	俗	俭	俐	侮	促	促	保	俏

盾	俊	俑	追	侯	禹	侵	鬼	泉	皇
逃	剑	俞	叙	须	很	律	衍	徊	待
胎	脉	胖	胞	胜	胆	胧	胚	盆	食
狠	狱	狩	狡	狰	独	狮	狭	勉	匍
峦	饼	饺	饷	饲	蚀	饵	急	怨	贸

附 录

迹	奕	度	亮	亭	哀	奖	将	李	弯
彦	音	亲	姿	咨	疤	疫	疯	疮	庭
养	差	阁	阀	闽	闻	闺	施	帝	飒
前	娄	籽	迷	类	送	叛	迸	姜	美
炸	炯	炽	炼	炳	总	兹	逆	首	酋

柒	洒	洪	洁	洼	剃	烂	炫	炮	烁
染	洽	派	涎	洗	测	洞	浊	浇
恃	津	浓	浒	洲	洋	济	浏	洛
觉	举	恨	恼	恤	恬	恍	恢	恒
诫	客	窃	穿	宪	突	宫	室	宦	宣

误	祠	祝	神	祖	袄	扁	语	诬	冠
昼	屋	既	退	垦	郡	诵	说	诲	诱
陨	陛	孩	眉	逊	陡	费	屎	屏	咫
姣	姚	娇	姻	姨	姥	院	险	除
蚤	癸	怠	勇	盈	贺	怒	架	娜	妍

给	绘	骄	绕	结	绒	垒	矜	柔
		骇	统	绞	绝	骆	绛	绚
							绑		
							络		

10 画

素	班	珠	秦	泰	艳	耙	耗	耘	耕
埂	捕	埔	栽	捞	匪	盏	顽	蚕	匪
埋	捏	捍	捎	盐	起	赶	载	振	捂
捡	逝	哲	都	捌	损	袁	捐	捆	捉
捅	壶	捣	恐	热	挽	挚	换	捋	挫

莱	莽	恭	荸	聂	耽	耿	耻	挨	埃
莹	莎	恶	获	荷	莓	莉	莫	莲
株	桐	档	晋	桂	梆	框	真	莺
样	核	栖	桔	桅	桃	栓	桦	桥
翅	配	酌	桩	格	逗	速	哥	索	根
			贾	栗					

套毙逞眴蚓	原顿党哺蚪	破较逍晃蚊	础轿监唠畔	砾轼监唠畔	砰顾虑哼蚜	砸殉虔晓蛙	夏殊桌眠晕	唇烈柴眩晏	辱逐致晒剔
啥圆钾氨秧	唁圆钾氨秧	唤峰钻氧积	莺峨钵氨租	益峭钳缺秤	恩罢钱铆秉	哦唆赃铅敌	哭唉赂铃乘	圃啊贿铂造	哩唧贼铁牺	哨哼峻铀特
债候息拿翁	倩倡躬途颂	笆俱射航颁	笋倘臭般豹	笑倒健舱豺	笔倾倦舰爱	透俺倍殷舀	秘倚俯徐爹	称值倪徒耸	秩借赁倔釜
脏卿凄准脊	胳狼凌席痊	胸狸馁郭疲	脂逛饿高疼	脆脓鸳衰斋	脍脓鸳衰斋	胸朕袅浆疾	胱脑留浆病	胰胶鸵恋症	胯脐逢挛座
剖瓶烦酒浴	站恙烘浦涂	凉羔烤涝海	资羞郸浙浩	瓷阅朔涛涡	凋畜兼递涓	唐旅益烙消	紊旁粉烛烟	离部粉烛涉	效竞拳烧涟
涨悦窈诽	浸悯容扇	浪悔窄读	涕悍窃诺	涧悄宾诸	润悟宴请	流悖宵请	涤涌家案	涣涩宽宰	浮烫害剜

袜	祖	袖	袍	被	祥	课	冥	谁	调
冤	谅	谆	谈	谊	剥	恳	展	剧	屑
弱	陵	崇	陶	陷	陪	姬	娠	娱	娟
恕	娥	娩	娴	娘	娓	通	能	难	预
桑	骋	绢	绣	验	继	骏			

11画

彗 球 琐 理 琉 捧 堵 措 描
域 捺 掩 捷 排 焉 掉 捶 赦 堆
推 埠 掀 授 捻 教 掏 掐 掠 掂
掖 培 接 掷 掸 控 探 据 掘 掺
职 基 聆 勘 聊 娶 著 菱 勒 黄

菲 萌 萝 菌 菱 菜 萄 菊 萃 菩
萍 菠 菅 萤 营 乾 萧 萨 菇 械
彬 梦 梵 梭 梗 梧 梢 梅 检 梳
梯 桶 救 硕 硇 曹 副 票 酝 酗
厢 戚 硅 硕 硌 奢 盔 爽 聋 龚

袭 盛 匾 雪 辅 辆 堑 颅 虚 彪
雀 堂 常 眶 匙 晤 晨 眺 睁 眯
眼 眸 悬 野 啦 啦 曼 晦 冕 晚
啄 啡 眭 距 趾 啃 跃 跄 略 蛆
蚱 蚯 蛉 蛀 蛇 唬 累 鄂 唱 患

啰 唾 唯 啤 啥 啕 啸 崖 崎 崭
逻 帼 帷 帷 崩 崇 崛 赈 婴 赊
圈 铐 铠 铝 铜 铡 铭 铮 铲 银
矫 甜 秸 梨 犁 秽 移 笨 笼 笛
笙 符 笠 第 笛 敏 做 偕 袋 悠

偿 偶 偎 傀 偷 您 售 停 偏 躯
皑 兜 皎 假 艴 徘 徙 得 衔 盘

舶	船	舷	舵	斜	盒	鸽	敛	悉	欲
彩	领	脚	脖	脯	豚	脸	脱	匐	象
够	逸	猜	猪	猎	猫	凰	猖	猝	猕

猛	祭	馄	馅	馆	凑	毫	孰	烹
庶	麻	庵	痔	痊	痒	廊	康	庸
鹿	盗	章	竟	商	旌	旋	望	率
阉	阎	阐	着	羚	盖	眷	粗	粕
粒	断	剪	兽	焊	焕	烽	焖	清	添

鸿	淋	淅	涯	淹	渠	渐	淑	淌	混
淮	淯	渊	淫	渔	淘	淳	液	淤	淡
淀	深	涮	涵	婆	梁	渗	情	惜	惭
悼	惧	惕	悖	惟	惆	惊	惦	悴	惋
惨	惯		寇	寅	寄	寂	宿	窒	窑

密	谋	谍	谎	谏	扈	谐	谑	裆	袱
祷	祸	谒	谓	逡	谚	谜	逮	敢	尉
屠	弹	隋	堕	随	蛋	隅	隆	隐	婊
娼	婢	婚	婶	婉	颇	颈	翌	恿	绩
绪	续	骑	绰	绳	维	绵	绷	绸	综

| 绽 | 绿 | 缀 | 巢 |

12画

琵	琴	琶	瑛	琳	琦	琢	琥	靓
琼	斑	替	揍	款	堪	塔	搭	堰	揩
越	趁	趋	超	揽	堤	提	揖	博	揭
喜	彭	揣	插	揪	搜	煮	援	搀	裁
搁	搓	搂	搅	壹	握	搔	揉	斯	期

欺	联	葫	散	惹	葬	募	葛	董	葡
敬	葱	蒋	蒂	落	韩	朝	辜	葵	棒
棱	棋	椰	植	森	焚	椅	椒	棵	棍

162

椎 粟	棉 棘	棚 酣	棕 酥	棺 厨	椰 厦	椭 硬	惠 硝	惑 确	逼 硫
雁 翘 晴 喇 跌	殖 辈 睐 遇 跚	裂 悲 暑 喊 跑	雄 紫 最 喱 跛	颊 凿 晰 遏 遗	雳 辉 量 晾 蛙	雯 敞 鼎 景 蛐	暂 棠 喷 畴 蛔	辍 赏 喳 践 蛛	雅 掌 晶 跋 蜒
蜓 喧 铸 锋 毽	蛤 嵌 铺 锌 氯	蛟 幅 链 锐 犊	喝 帽 铿 甥 鹅	鹃 赋 销 掣 剩	喂 赌 锁 掰 稍	喘 赎 锄 短 程	喉 赐 锅 智 稀	喻 赔 锈 氮 黍	啼 黑 锉 毯 税
筐 筝 皓 艇 腌	等 傣 皖 舒 腆	筑 傲 粤 逾 脾	策 傅 奥 番 腋	筛 牌 遁 释 腑	筒 堡 街 禽 腔	筏 集 惩 舜 腕	筵 焦 御 貂 鲁	答 傍 徨 腈 猩	筋 储 循 腊 猬
猾 敦 阑 遂 渤	猴 斌 阔 曾 渺	飓 痣 善 焰 湿	惫 痘 翔 焙 温	然 痞 羡 湛 渴	馈 痢 普 港 溃	馋 痪 粪 滞 湍	装 痛 尊 湖 溅	蛮 童 奠 湘 滑	就 竣 道 渣 湃
渝 惺 富 雇 runs	湾 愕 寓 裕 犀	渡 惴 寐 裤 属	游 愣 窝 裙 屡	滋 惶 窖 禅 强	渲 愧 窗 禄 粥	溉 愉 窘 谣 疏	愤 慨 寐 谣 隔	慌 割 扉 谤 隙	惰 寒 遍 谦 隘
媒	絮	嫂	媛	婷	媚	婿	登	缅	缆

附 录

163

| 缉 | 缎 | 缓 | 缔 | 缕 | 骗 | 编 | 骚 | 缘 |

13画

瑟	鹉	瑞	瑰	瑜	瑕	遨	瑙	魂	肆
摄	摸	填	搏	塌	摁	鼓	摆	携	蜇
搬	摇	搞	塘	搪	摊	聘	斟	蒜	勤
靴	靶	鹊	蓝	墓	幕	蓓	蓖	蓟	蓬
蓑	蒿	蓄	蒲	蓉	蒙	颐	蒸	献	楔

椿	楠	禁	楂	楚	楷	榄	想	槐	槌
榆	楼	概	楣	榇	裘	赖	甄	酪	酬
感	碍	碘	碑	硼	碉	碎	碰	碗	碌
鹌	尴	雷	零	雾	雹	辐	辑	输	督
频	龄	鉴	睛	睹	睦	瞄	睫	睡	睬

嘟	嗜	嗑	鄙	嗦	愚	暖	盟	煦	歇
暗	暇	照	畸	跨	跷	跳	踩	跪	路
跤	跟	遣	蜈	蜗	蛾	蜂	蜕	蛹	嗣
嗯	嗅	嗡	嗨	嗤	嗓	署	置	罪	罩
蜀	嶂	嵩	错	锚	锡	锣	锤	锥	锦

锹	锭	键	锯	锰	矮	辞	稚	稠	颓
愁	筹	签	筒	筷	毁	舅	鼠	催	傻
像	躲	魁	衙	微	愈	遥	腻	腰	腼
腥	腮	腹	腺	鹏	腾	腿	鲍	猿	颖
飕	触	解	遛	煞	雏	馍	馏	酱	鹑

禀	痱	痹	廓	痴	痰	廉	裔	靖	新
韵	意	雍	阙	誊	粮	数	煎	塑	慈
煤	煌	满	漠	滇	源	滤	滥	滔	溪
溜	漓	滚	溢	溯	滨	溶	滓	溺	梁
滩	慢	慎	誉	塞	寞	窥	窟	寝	谨

| 裱 | 褂 | 裸 | 福 | 谬 | 群 | 殿 | 辟 | 障 | 媳 |

嫉 嫌 嫁 叠 缚 缝 缠 缤 剿

14画
静 碧 瑶 璃 赘 熬 韬 氅 墙 墟
摺 嘉 摧 赫 截 誓 境 摘 摔 撇
聚 蔫 蔷 慕 暮 摹 蔓 蔑 蔡 蔗
蔽 蔼 熙 蔚 兢 榛 模 槛 榻 榭
榴 榜 榨 榕 歌 遭 酵 酷 酿 酸

厮 碟 碴 碱 碳 磋 磁 愿 臧 殡
需 霆 辕 辖 辗 翡 雌 龈 睿 裳
颗 瞅 墅 嘈 嗽 喊 嘎 跟 踊 蜻
蜡 蝈 蝇 蜘 蝉 螂 蜢 嘘 嘛 嘀
幔 赚 骷 锹 锻 锵 镀 舞 舔 稳

熏 箍 箕 算 箩 管 箫 毓 舆 僚
僧 鼻 魄 魅 貌 膜 膊 膀 鲜 疑
孵 馒 裹 敲 豪 膏 塾 韶 腐 瘩
瘟 瘦 廖 辣 彰 竭 熔 煽 旗 精
鄙 粹 粽 歉 弊 熄 熔 煸 潇 漆

漱 漂 漫 滴 漩 漾 演 漏 慢 慷
寨 赛 寡 寞 漆 寥 谭 肇 褐 褪
谱 隧 嫩 察 蜜 嫡 瞿 翠 熊 凳
骡 缨 缩 嫖 嫦

15画
慧 撵 撕 撒 撅 撩 趣 趟 撑 撮
撬 播 擒 墩 撞 撤 增 槽 聪 鞋
鞍 蕉 蕊 蔬 蕴 横 槽 樱 樊 橡
樟 醇 敷 豌 飘 醋 醇 醉 磕 磊
磅 碾 震 霄 霉 辘 瞌 瞒 题 暴

瞎 瞑 嘻 噎 嘶 嘲 嘹 影 踢 踏

蝙	蝗	蜩	蝎	蝠	蝴	蝶	踪	踮	踩
锞	骸	骼	骰	幢	嘱	噜	噢	嘿	噗
箱	稼	稿	德	稻	稽	靠	镑	镐	镇
磐	艘	僻		躺	僵	篆	篇	箭	篓

褒	摩	熟	鲫	鲤	鲢	膛	膘	膝	鹞
潜	憋	遵	糊	毅	颜	凛	瘫	瘤	瘪
潺	澜	澈	潘	澳	鲨	潦	潭	潮	澎
褥	翩	额	憎	憧	懊	憔	憬	懂	澄
缭	豫	嬉	履	劈	慰	熨	憨	鹤	遣

16画

薇	薛	薯	蕾	燕	擅	操	摇	撼	璞
整	橘	橙	橱	噩	翰	颠	薄	薪	擎
冀	辙	霎	霍	霓	霏	霖	醒	瓢	融
螨	蹂	蹄	踱	嘴	踹	瞰	瞠	瞟	餐
镜	黔	默	赠	鹦	噪	器	螟	螃	螟

翱	儒	篱	笃	篷	篡	篮	穆	憩	赞
凝	瘸	瘾	磨	鲸	雕	膳	膨	衡	邀
澡	濒	燃	燎	瞥	瞥	糕	糙	辩	辨
缰	噩	避	壁	禧		窿	懈	懒	激
								憾	缴

17画

檐	檬	貔	薰	藏	鞠	藉	擦	壕	戴
瞧	瞭	壑	艋	霞	霜	磷	礁	檀	檩
蹈	蹋	蹒	蹑	瞪	嚏	瞪	瞩	瞳	瞬
穗	镣	赡	舾	蟀	蟀	蟀	蟋	螺	螳
爵	徽	辫		繁	黛	簇	簧	魏	黏

| 赢 | 辫 | 癌 | 縻 | 鳄 | 鳃 | 臃 | 膻 | 臊 | 朦 |
| 骤 | 翼 | 臂 | 臀 | 鳖 | | 懦 | 燥 | 糠 | 糟 |

18画
藕 鞭 藤 覆 瞻 蹦 嚣 髅 镭 镰
馥 翻 鳍 鹰 癞 瀑 襟 壁 戳 彝

19画
攒 孽 警 蘑 藻 攀 曝 蹲 蹭 蹿
蹬 巅 簸 簿 蟹 颤 靡 癣 瓣 羹
鳖 爆 瀚 疆 骥

20画
鬓 壤 攘 馨 耀 躁 蠕 嚼 嚷 巍
籍 鳝 鳞 魔 糯 灌 譬

21画
蠢 霸 露 霹 蠲 黯 髓 癫 麝 赣

22画
蘸 囊 镶 瓤

23画
罐

24画
蠹

表2　乙表(500字)

3画
弋 孑

4画
仃

5画
叵 刍 讧 讫

6 画
忉 岌 伍 仵 汆 夙 刎 汐 忖 纨

7 画
坍 苣 苋 芩 芪 矶 呓 呃 呗 帏
岐 佞 攸 佚 伽 咔 孚 邱 疖 肓 陀
沤 汴 沅 怄 忾 凇 诂 诋 诒 饣 甬

8 画
坨 耶 杵 咔 呶 肖 沓 囹 罔 钗
竺 迤 曳 岱 侗 侏 佥 佻 阜 迩
狙 狒 枭 饴 泷 泶 疝 劲 炝 泔 泱
泗 泗 疱 妯 弩 迦 宕 诓 诘 绌 诠

9 画
玳 垣 挞 茗 荬 枢 枸 酊 殇 轲
眈 咦 哔 毗 荮 咿 咯 哝 帧 峥
钛 钡 钨 竽 俨 叟 俚 饭 迨 徇
徉 恪 鸩 袂 袪 姹 羿 炷 绔 骁 骈 恫
恻

10 画
敖 莴 荞 莅 茶 莘 莞 桓 桎 桧
栩 豇 砝 砺 砥 砣 唝 哽 唢 圄
唏 崂 峪 倌 觊 赅 钴 舐 俸 偌 倏
倭 隽 烩 烬 悚 谀 谄 胴 疸 疱 猁 绥
恣
邕

11 画
菝 掷 掳 逯 掬 捐 掇 姜 菏 萦

附录

椅 梓 匦 敕 趿 酚 戛 厩 啧
喵 蚶 蛎 蛊 唿 啜 铣 铌 铬 透
笺 答 偃 偻 徜 龛 翎 疵 衾 敝
渍 淞 渎 挲 涠 淙 淄 惬 悻 悱

惘 惚 惮 谛 婵 袈 绫 绮 绯 绶

12 画
搽 趄 揄 蛰 摒 葆 苞 萱 戟 鹏
厥 辐 斐 喋 喃 跎 啾 喽 喁 喔
嵘 崴 崽 喔 嵋 锂 朕 弑 颌 釉
腱 鱿 猥 馊 裒 痨 瘩 痤 痫 孳
渭 愎 幂 缄 紗

13 画
瑚 瑁 趔 搋 剽 酩 蜃 虞 嗷 嗬
嗔 嗝 喧 嗳 嗵 锫 锢 稞 稗 牒
觎 貉 颌 腭 鲇 铹 稣 肄 瘤 痿
粳 煨 煊 煸 裟 滦 滂 窦 裨 漫
媲 缜 缢

14 画
撂 墒 蔻 斡 槟 酶 蜚 裴 龇 瞟
暧 踌 蜷 蜿 嘣 嶂 嶂 罂 锲 镁
镂 犒 箔 睾 膈 獐 僮 瘭 瘘 熘
潢 漪 慵 褓 褛 暨 嫣 缥

15 画
璀 撷 赭 撺 蕨 蕃 磙 艇 颟 嘭
踝 踞 颚 噙 幡 篌 鲩 獗 獠 馔
麾 瘠 遴 糌 潼 襁 戮 缮

16 画
靛 擀 熹 擞 薿 橇 樵 橹 醚 赝

飙 臻 鍪 踵 蹉 螨 噼 瞿 镖 簌
篦 盩 鲮 鲲 鲳 獭 邂 瘴 斓 澥
寰 褶

17画
璨 璐 擤 磬 醒 蹊 嚓 黜 黝 磴
篾 臆 鳅 襄 膺 縻 㵐 襁 孺

18画
鳌 鬃 藩 蹼 蟠 黠 镯 鳏 癔 癜
癖

19画
藿 麓 霭 蹶 蹼 蹴 蟾 籁 鳔 鳕
鳗 麒 麑 瀣

20画
曦 镳 纂 鳜 鳟 孀

21画
醺 礴

22画
鹳

23画
攥 攫 颧 麟

25画
囔

表3 丙表（1000字）

2画
匕

附　录

3画
兀　孓

4画
仄　兮　刈　爻　卞　闩

5画
邢　邝　艿　匝　丕　仡　仫　刎　氐　邝
邨　讦　弁

6画
耒　玑　圩　圭　扦　芊　芨　芎　芗　氚
缶　氘　牝　讴　伥　伧　伉　囡　舛　邬
饧　汊　聿　艮　妁　纣　纥

7画
抟　抔　坂　苤　芾　芷　芮　茇　芝　苎
苡　邳　氙　豕　忒　轫　佗　邺　虬　呒
岑　钋　疖　闱　氚　佟　炀　沅　沌　汩　汩
饨　怃　忤　忻　怆　忸　诃　陂　陉　妍

　妪　妣　姒　劲　纰

8画
玮　忝　坩　咋　拊　坼　坻　苤　茏　苜
苒　茼　茌　茔　轭　茑　枥　枞　枘　砀
瓯　殁　郏　轱　岬　奀　昊　帙　昴　钎
呷　呦　咝　侪　侬　籴　饳　肫　肭　狍

　庖　兖　炜　炔　沭　泸　泠　泫　怙　怏
　怍　怩　怫　炉　郓　诎　诨　戕　亟
　姐　孥　绀　绐

9画

珏 珐 砢 珈 拮 挶 垧 垓 荦
莒 茼 茋 茌 荃 荀 茨 垩 荥 荦
荨 栅 柘 枰 栌 桕 枳 柞 栀 栎
柁 甭 砒 砭 珍 咥 眍 禺 哂 曷
哓 呲 胄 虷 咣 郓 咻 圉 哏 咩

罘 峋 钚 钣 钫 氡 牯 笏 俦 胫
俪 俟 郗 俎 瓴 胛 疣 胙 舢 籼
狯 狲 泗 洞 洮 洺 恻 恺 胭 衽
洱 柞 诮 诰 诳 鸠 甮 宥 胥 娅

娆 姝 怼 骅 绗

10画

挈 珙 顼 珞 珲 埙 埚 耆 耄 赀
盍 莆 莳 莜 菱 荻 鸪 厝 砣 栳 桠
郴 桢 桉 逑 鬲 逦 唔 晁 鸮 跣 蚍
蚝 鸩 蚝 蚧 晟 唑 崃 罡 钰 钹 钺 钼

铄 铎 氩 氤 秫 笊 俳 倜 隼 倥
臬 皋 郫 倨 粜 徕 衾 觞 胺 鸥
狷 狲 猞 桀 阄 鬯 粑 烨 郯 凇 涅
疰 浜 浠 阆 阌 浚 悭 悒 悝 悛 冢

祓 祯 诱 屐 勐 娄 蛩 娉 娲 娣
逄 骊 绦 绨 鸳

11画

焘 舂 琏 捆 赧 掸 鸷 掭 聍 菁

堇	萘	菽	菖	黄	菟	菪	菡	梘	郾
鄄	硾	硒	瓠	殒	唵	唪	蛄	辄	眦
眵	啨	勖	唅	唪	唷	蛄	蚰	蛏	蚴
啁	啐	唷	唊	啷	唳	铙	铠	铢	铧
铨	铩	铰	铱	氪	悟	笪	笳	偈	偬
舸	猗	猞	斛	焐	馃	鸾	庚	痍	旍
阌	阍	阏	焙	烯	烷	渚	淇	涿	淖
涠	淠	淬	绺	谌	绠	谕	谐	棐	埕
婧	婕	欷							

12画
琨	琬	鼋	揳	堞	握	颉	鳌	聒	葚
葳	葺	蒽	蕚	萋	葭	棵	棰	椁	棣
鹆	覃	酤	酡	殚	辊	睑	嗒	晷	跖
跆	蛞	蛭	蛳	嗯	唁	暗	嗟	嗞	喀
喙	罨	嵬	嵯	铿	铜	锑	银	氰	鹄
犍	稆	笮	筌	傈	傥	遑	傩	畲	
翕	腓	腆	鲂	颏	猢	觞	瓿	啻	
颏	鹇	阒	阕	遒	焯	焱	鹈	湮	溇
溲	湟	潋	渥	湄	湉	愠	愀	谟	裢
祺	谡	谥	谧	屦	弼	巽	媪	皴	婺
骛	缂	毳	飨						

13画
骜	髡	塬	鄢	趑	摅	搛	摈	彀	搡
觐	鄞	靳	蓦	蒯	蒺	蒹	蒗	銎	楝
楣	楸	椴	皙	榈	桦	楦	榅	酮	酰
酯	碚	碇	碜	辌	龃	龅	訾	粲	睚
韪	嗦	睨	睢	雎	睥	嗳	戥	遏	睫
跬	跶	跣	跹	跻	蜊	蜂	蜉	嗥	嵊

锱	雉	氩	歆	稔	筠	筱	煲	徭	愆
艄	觥	滕	腩	詹	鲅	鲋	觎	馇	瘁
瘆	廒	歃	阘	豢	煳	煜	煅	煺	滟
溘	溥	溧	溽	滗	溏	溟	愫	骞	寞
窣	裆	裾	谪	嫱	嫔	缊	缛	綮	缟
窭	骗

14 画

蒈	摽	赾	綦	靼	鞅	蔺	蓿	鹕	蓼
榧	榫	槁	榷	酽	酹	碣	锶	暝	蜥
蛾	蜴	喤	嘤	罴	觚	甄	魆	箸	算
箪	篓	锶	傈	僭	剡	膂	魃	鹙	膑
鲑		銎	瘙	旖			糁		漕

漯	潋	潴	漉	漳	潍	窨	褡	翛	褊
谯	谰	谲	屣	嫱	嫘	鹜	骠	缪	缫

15 画

耦	耧	瑾	璎	璋	璇	髯	髫	聩	觐
鞑	蕙	蕈	蕤	蕲	槿	樯	履	魇	靥
霈	螗	噶	蕹	遇	跽	蹉	蝾	蝮	蝣
蝼	嚆	噍	噌	嘬	颚	嶙	锗	镁	镍
镏	稷	箦	篁	箧	儋	徵	滕	鲠	鲥

鲦	皞	瘢	廪	羯	糅	熵	熠		潸
澌	褴	谵	嬉	畿					

16 画

蕻	薅	磬	螯	髻	氅	磬	颞	鞘	薨
薏	薮	噤	薅	樽	犟	醛	醐	醒	錾
遽	噱	镞	踹	螈	螅	噱	噬	圜	镗	镐
镝	鲷	鹩	廪	羸	嬴	羲	甑	燧	潞

澧 澹 窸 隩 嬗 缱

17画
螫 擢 臺 薛 藁 檄 懋 黟 磴 磴
嚅 蟥 锗 罅 簌 魈 邈 燮 鹫 癍
臑 濮 濞 濠 濯 謇 邃 擘 盩 鹪

18画
鬈 瞽 鞣 藜 藠 醪 魇 燹 饕 瞿
蹚 鹭 蟮 鹠 黟 骼 簪 鼬 雠 糨
鎏 懵 邋

19画
鬏 醮 霪 嚯 蹰 蠖 蠓 鬋 髋 髌
镲 簵 艏 魖 蠃 瀛 谶

20画
蘖 醴 霰 夒 躅 黩 鳘 獾

21画
颦 屭 蠡

22画
懿 霾 氍 饔 鬻

23画
鬟 鼹 癯

24画
矗 衢 鑫 灞 襻

25画
鬣 攮 馕

30 画
爨

36 画
齉

参考文献

[1] 黄伯荣,廖旭东. 现代汉语[M]. 增订6版. 北京:高等教育出版社,2017.

[2] 宋庆山. 应用汉语[M]. 合肥:合肥工业大学出版社,2005.

[3] 张斌. 新编现代汉语[M]. 2版. 上海:复旦大学出版社,2017.

[4] 胡裕树. 现代汉语[M]. 重订本. 上海:上海教育出版社,2019.

[5] 戴昭铭. 现代汉语规范化答问[M]. 北京:北京大学出版社,2012.

[6] 周有光. 汉语拼音方案基础知识[M]. 北京:语文出版社,1995.

[7] 张觉. 现代汉语规范指南[M]. 修订本. 北京:知识产权出版社,2017.

[8] 王新民,侯玉茹. 普通话异读词汇编[M]. 北京:语文出版社,1992.

[9] 魏励. 语言文字规范手册[M]. 北京:商务印书馆国际有限公司,2014.

[10] 中国社会科学院语言研究所词典编辑室. 现代汉语词典[Z]. 7版. 北京:商务印书馆,2016.

[11] 李行健. 现代汉语规范词典[Z]. 北京:外语教学与研究出版社,2014.

[12] 孙曼均. 汉字应用水平测试字典[Z]. 广州:广东教育出版社,2007.